Para

com votos de paz.

/ /

Divaldo Franco

Pelo Espírito Joanna de Ângelis

Perguntas por José Maria de Medeiros Souza

JOANNA DE ÂNGELIS RESPONDE

EDITORA LEAL

Salvador
6. ed. – 2024

Rua Jayme Vieira Lima, 104
Pau da Lima, Salvador, BA.
CEP 412350-000
SITE: https://mansaodocaminho.com.br
EDIÇÃO: 6. ed. (5ª reimpressão) – 2024
TIRAGEM: 1.000 exemplares (milheiro: 25.300)
COORDENAÇÃO EDITORIAL
Lívia Maria C. Sousa

REVISÃO
Lívia Maria C. Sousa
CAPA
Cláudio Urpia
MONTAGEM DE CAPA
Marcus Falcão
EDITORAÇÃO ELETRÔNICA
Marcus Falcão
COEDIÇÃO E PUBLICAÇÃO
Instituto Beneficente Boa Nova

PRODUÇÃO GRÁFICA
LIVRARIA ESPÍRITA ALVORADA EDITORA – LEAL
E-mail: editora.leal@cecr.com.br

DISTRIBUIÇÃO
INSTITUTO BENEFICENTE BOA NOVA
Av. Porto Ferreira, 1031, Parque Iracema. CEP 15809-020
Catanduva-SP.
Contatos: (17) 3531-4444 | (17) 99777-7413 (WhatsApp)
E-mail: boanova@boanova.net
Vendas on-line: https://www.livrarialeal.com.br

Dados Internacionais de Catalogação na Publicação (CIP)
(Catalogação na fonte)
BIBLIOTECA JOANNA DE ÂNGELIS

F825 FRANCO, Divaldo Pereira. (1927)

Joanna de Ângelis responde. 6. ed. / José Maria Medeiros e Divaldo Pereira Franco, pelo Espírito Joanna de Ângelis. Salvador: LEAL, 2024.
208 p.
ISBN: 978-85-8266-173-4

1. Espiritismo 2. Psicografia 3. Perguntas e respostas
I. Franco, Divaldo II. Título

CDD: 133.93

Bibliotecária responsável: Maria Suely de Castro Martins – CRB-5/509

Impresso no Brasil | Presita en Brazilo

SUMÁRIO

Tópicos e páginas

Capítulo I - Temas evangélicos

Capítulo II - Temas doutrinários

Capítulo III - Temas filosóficos e morais

Capítulo IV - Temas para o autoconhecimento

AGRADECIMENTOS

Expressamos aqui um especial agradecimento à querida amiga Ivonne Álvares Machado, por cujas mãos fomos levado a conhecer o médium e tribuno Divaldo Pereira Franco, razão de ser deste trabalho, a quem prestamos nossa singela homenagem pelos 50 anos[1] *de sua mediunidade, oratória profícua e edificante.*

1. Em 2017, ano da 6ª edição desta obra, o médium Divaldo Franco completou 70 anos de oratória e divulgação da Doutrina Espírita (nota da Editora).

CAPÍTULO I

TEMAS EVANGÉLICOS

PERGUNTAS E RESPOSTAS

Pergunta 1: Como agir na execução da tarefa, quando muitos se evadem, fugindo do trabalho no bem?

Resp.: Recordas com tristeza a deserção dos companheiros mais afeiçoados aos propósitos de bem servir.

Viste a falência de idealistas arrebatados, quando o testemunho lhes exigia oração e jejum moral.

Acompanhaste com inquietação o recuo de amigos que lutavam nas primeiras linhas de combate.

Choraste, amargurado, ante a reação negativa daqueles em quem mais confiavas.

⚜

Esperaste, sem êxito, que os cooperadores afastados retornassem às atividades edificantes, onde serves ao Divino Servidor.

Ante as decepções sofridas e as rudes provações, dizes-te cansado. Enxergas sombras onde antes brilhava a luz, pessimismo no lugar em que se demorava a esperança, aflição punitiva na alma que sofria em renovação, e sentes a falta de forças para continuar.

Tudo parece conspirar contra os teus elevados compromissos: incompreensão de uns, dificuldades com outros, abandono e solidão.

No entanto, é inadiável a tua necessidade de prosseguir.

⚜

Escuta a própria consciência e compreenderás quanto te significa.

Faze o que estiver ao alcance e faze sempre o melhor.

⚜

Examina e prossegue, pois, sob a inspiração do bem, enquanto são fortes as tuas forças, para que ao anoitecer dos dias, na velhice, descortines o caminho ensolarado.

(Messe de amor – 9ª edição – cap. 37)

Pergunta 2: Hoje, as criaturas mal têm tempo para os semelhantes, e vive-se com muitas queixas e reclamações. Será que não existe mais tolerância?

Resp.: Fala-se muito em tolerância.

Apregoa-se a necessidade desse preceito cristão.

Escreve-se sobre o valor de tão nobre auxiliar do amor.

Pouco, porém, se vive a mensagem da tolerância.

Sem ela, todos sabem, a própria beleza ressuma tristeza, e o cálice de licor do êxito se converte em taça de amargura, onde o tédio se demora.

⚜

Alguém se atrasa, e logo a maledicência açoita, sem recordar a possibilidade de transtorno no tráfego.

O trajo não é digno, e imediatamente a censura fere, ignorando as circunstâncias que o modelaram.

O vizinho fala alto, e é classificado de mal-educado, entretanto, pode ser um obsidiado.

O patrão é severo, e é tomado por algoz, esquecido de que ele também é servidor.

Toda reação nasce na conivência da razão, que se ajusta às justificativas da mente em desalinho.

Os que reagem perderam a força de agir.

Tolerância não é apenas um formoso roteiro teorizado: é uma diretriz atuante.

(Messe de amor – 9ª edição – cap. 44)

Pergunta 3: Pessoas passivas e apáticas costumam ser catalogadas como humildes. Como discernir a timidez e a acomodação da verdadeira humildade? Pode-se cultivar a humildade?

Resp.: A humildade é uma virtude que se ignora. Por isso mesmo não se ensoberbece nem se desvaria.

Quanto mais se oculta, mais se aformoseia e, quando ignorada, é qual madrugada rutilante abrindo o dia para o Sol.

A humildade é espontânea e, para ser legítima, não se improvisa. Deve ser cultivada com perseverança e desenvolvida infatigavelmente.

Onde surjam suas primeiras manifestações, também aí aparecem adversários vigorosos.

A vida moderna, com falsos conceitos, conspira contra sua vitalidade, proclamando-a covardia e fraqueza...

No entanto, a humildade não pode ser confundida com a timidez nem com o medo.

Não é uma virtude estática, mas dinâmica. Por essa razão, não é parasitária nem acomodatícia.

É força combativa, movimento atuante.

Sofrer humildemente não significa acomodar-se à dor; antes, é lutar heroicamente por vencer a aflição sem, contudo, rebelar-se.

(Messe de amor – 9ª edição – cap. 50)

Pergunta 4: Fala-se muito em humildade. Cite alguns traços característicos da humildade.

Resp.: (...) Virtude excelente, é precioso aroma de sutil característica que vitaliza os que a conduzem.

Toma diversas aparências conforme as necessidades das circunstâncias em que se manifesta: aqui, é renúncia, cedendo a benefício geral, esquecida de si mesma; adiante, é perdão a serviço da paz de todos; além, é bondade discreta, produzindo esperança; hoje, é indulgência para oferecer nova oportunidade; amanhã, é beneficência para manter a misericórdia; é sempre a presença de Jesus edificando a felicidade onde quer que escasseie a colheita de luz.

A humildade, porém, somente é possível quando inspirada nos ideais da verdade. Enquanto o homem não se abrasa da certeza da vida superior, a humildade não lhe encontra guarida.

⚜

Todos os grandes heróis do pensamento, os mártires da fé e os santos da renúncia, para lobrigarem o êxito dos objetivos a que ligaram a existência, firmaram-se na humildade por saberem do pouco valor que representavam ante as grandes diretrizes da vida.

A humildade, em última análise, representa submissão à vontade de Deus, doação plena e total às Suas mãos, deixando-se conduzir pela Sua diretriz segura que governa o Universo.

(Florações evangélicas – 5ª edição – cap. 31)

Pergunta 5: Muitas pessoas reclamam retribuição quando estão auxiliando uma obra qualquer. Outras reclamam ter que renunciar aos prazeres e facilidades da vida em favor do trabalho para o bem. É válido fazer o bem em meio a reclamações dessa natureza?

Resp.: Ninguém serve bem, se espera retribuição de qualquer natureza.

Para que a fonte atenda à sede do viandante que lhe busca a linfa, a água se liberta do lodo do fundo.

A fim de que o pão favoreça a mesa, o trigo supera a lama que lhe atende a raiz.

Não se serve a contento, quando se oferece amor com acrimônia e azedume.

Pouco importa renunciar aos prazeres do mundo em favor da obra do bem, impedindo que a alegria juvenil irrompa, ingênua, no sorriso dos tutelados.

A renúncia legítima desconhece medida e sacrifício. Para ser nobre, deve ser jovial e comunicativa.

Ajudar reclamando pode ser comparado a descuidar da higiene do copo em que se oferece água fresca a quem se estima.

Serviço com enfado, apresentando cansaço e amargura, sempre expressa trabalho escravo.

A obra do Senhor é feita com alegria.

⚜

Não se ajuda amaldiçoando o auxílio.

Coloca, pois, em teus serviços, o sal do amor para que o paladar cristão esteja sempre presente em teu prato de fraternidade.

(Messe de amor – 9ª edição – cap. 52)

Pergunta 6: Os apelos ao bem se encontram por toda parte; como enxergá-los, a fim de atendê-los?

Resp.: Enxameiam em todo lugar multidões de padecentes experimentando amarguras sem-nome, sob o guante de inenarráveis condições de miséria orgânica, social e moral...

⚜

As necessidades reais, que engendram a ventura como o infortúnio, sempre decorrem do Espírito.

Por esta razão, sem descuidar dos auxílios ao corpo e ao grupo humano, com o indispensável sustento imediato para a vida honrada em condição de dignidade, o convite ao bem nos impele à iluminação da consciência, sobretudo de modo a erradicar as questões constringentes que fomentam a miséria e os desajustes de toda ordem.

Esparze misericórdia pela estrada por onde segues, estendendo o socorro geral; simultaneamente esclarece e consola para que a semente do bem que consigas plantar numa vida se transforme em gleba feliz pelo tempo futuro afora.

(Convites da vida – 10ª edição – cap. 4)

Pergunta 7: De onde procedem as paixões que conduzem as criaturas aos arrastamentos e excessos?

Resp.: As paixões anestesiantes e dissolventes grassam com mais facilidade por encontrar melhor receptividade nos homens indecisos, nos de experiências primárias, naqueles que se deixam enfraquecer pelas lutas, por neles predominar a natureza animal...

⚜

No trâmite das paixões humanas, nas quais predominam a barbárie e a luxúria, obsessões vigorosas estabelecem comércio de exploração vampirizadora, desvairando uns e deperecendo outros que se deixam, inermes, arrastar pela força da jugulação a que se entregam.

⚜

Olhar baço, mente tarda, desvitalizado de forças pelo desgaste externo e pela dominação interior de que se utilizam os Espíritos viciados para prosseguir na ilusão da carne, não obstante haverem rumado para o Além-túmulo – eis a imagem infeliz de quem se nutre e compraz nas paixões perturbadoras do sexo em desalinho, em processo contínuo de embrutecimento e degradação...

Por outro lado, o ódio engendrando sórdidas vinganças, a inveja trabalhando infelicidades, a cobiça atando amarras em volta dos passos, a cólera espalhando psicosfera destrutiva, a vaidade entorpecendo os sentimentos, a avareza enjaulando ideais, o desperdício arruinando o equilíbrio expressam as paixões que anatematizam, perseguem e vitimam os que as agasalham. Todas resultantes da loucura do egoísmo, que somente a si se valoriza e se permite auferir lucros, prazeres, oportunidades, que aos demais nega, para o saque inditoso que o homem se faz, quando se lhe transforma em vítima espontânea.

(Após a tempestade – 12ª edição – cap. 4)

Pergunta 8: Fala-se muito em pessoas ingratas, para quem o bem ainda não sensibilizou. O que é a ingratidão? Quem é o ingrato? E os filhos ingratos?

Resp.: A ingratidão – chaga pestífera que um dia há de desaparecer da Terra – tem suas nascentes no egoísmo, que é o remanescente mais vil da natureza animal, lamentavelmente persistindo na Humanidade.

A ingratidão, sob qualquer forma considerada, expressa o primarismo espiritual de quem a carrega, produzindo incoercível mal-estar onde se apresenta.

O ingrato, isto é, aquele que retribui o bem pelo mal, a generosidade pela avareza, a simpatia pela aversão, o acolhimento pela repulsa, a bondade pela soberba é sempre um atormentado que esparze insatisfação, martirizando quantos o acolhem e socorrem.

O homem vitimado pela ingratidão supõe tudo merecer e nada retribuir, falsamente acreditando ser credor de deveres do próximo para consigo, sem qualquer compensação de sua parte.

⚜

Sendo a ingratidão, no seu sentido genérico, detestável nódoa moral, a dos filhos para com os pais assume proporções relevantes, desde que se torna hediondo ato de rebeldia contra a Criação Divina.

O filho ingrato é dilacerador do coração dos pais, ímpio verdugo que se não comove com as doloridas lágrimas maternas nem com as angústias somadas e penosas do sentimento paterno.

(Após a tempestade – 12ª edição – cap. 5)

Pergunta 9: É muito frequente aquele que foi beneficiado esquecer-se rapidamente do benefício recebido. Como conviver com a ingratidão?

Resp.: Não digas, quando a ingratidão te bater à porta: "Nunca mais ajudarei ninguém!".

Não exclames, quando a impiedade dos teus beneficiários chegar ao reduto do teu lar: "Para mim, chega!".

Não reclames, quando a soberbia dos teus pupilos queimar tuas mãos generosas com as brasas da maldade que carregam consigo: "E eu que tudo lhes dei!".

Não sofras, dizendo, quando o azorrague daqueles a quem amas te ferir o devotamento: "Arrependo-me de ter ajudado!".

Não retribuas mal por mal, pois que, assim, vitalizarás o próprio mal.

⚜

O bem que se faz a alguém é luz que se acende interiormente.

Gostarias, sim, de recolher gratidão, amizade, compreensão... Todos nós gostaríamos de experimentar os pomos da gratidão.

A árvore, porém, não pergunta a quem lhe colhe o fruto para onde o carrega, que pretende dele. Felicita-se por poder dar e se multiplicar através da semente que, atirada alhures, abençoa o novo solo com outras dádivas de alegria.

Imita-lhe o exemplo.

Teus frutos bons, que produzam bons frutos além...

⚜

A ti a alegria de fazer, doar, e nunca a ideia de colher reconhecimento ou gratidão.

Gratidão pode ser, também, pagamento.

Seja grato o teu coração, mas não esperes pelo reconhecimento de ninguém.

(Dimensões da Verdade – 1ª edição comemorativa – cap. 15)

Pergunta 10: O hábito de falar impensadamente leva pessoas a situações embaraçosas. O que devemos recomendar?

Resp.: A prudência é atitude de sabedoria.

Prudência no falar; prudência no agir; prudência quando pensar.

Falar com prudência conduz o homem à atitude refletida, pois falando sem pensar o homem perde o domínio das palavras, que, desatreladas, lavram incêndios, promovem conflitos, desarticulam programas salutares.

A palavra não pronunciada é patrimônio precioso de que o homem se pode utilizar no momento justo; a palavra liberada pode converter-se, quando dita sob impropérios, em látego que volta a punir o irresponsável que a libera.

⚜

Antes de agir, o homem é depositário de todos os valores que pode investir. Após a ação colhe os resultados do ato.

Agir, portanto, através da ponderação, a fim de que a atitude não se converta em algoz que escravize o próprio instrumento.

Pensar prudentemente.

⚜

Pensar-refletindo predispõe a ouvir, acostumando a ver, criando o hábito de ponderar para, então, chegar às legítimas conclusões em torno dos veros problemas da vida.

(Convites da vida – 10ª edição – cap. 43)

Pergunta 11: O Espiritismo nos impõe a caridade e a renúncia como caminho para a transformação moral? Como conceituar a Codificação?

Resp.: Nenhuma imposição, constrangimento algum defluem das soberanas conceituações com que Allan Kardec estruturou a Codificação do Espiritismo.

Filosofia profunda e lógica, assenta os postulados na razão objetiva com que se afirma no consenso do pensamento universal.

Ciência experimental de largo porte, estabelece liames entre a fé e a razão, que se completam, em harmoniosa identificação.

Quem comprova crê, quem sabe crê e quem crê transforma-se para melhor.

Religião do amor e da caridade, estatui a legitimidade da renúncia e da abnegação como fundamentais para a vida perfeita.

Todo o contexto de Doutrina é contrário à violência, ao temor, à imposição.

Encoraja o homem nas lutas, mas não lhe faculta o despotismo; ajuda o caído sem lhe justificar o desculpismo; atende o enfermo e o perseguido sem lhes procrastinar a necessidade da reparação.

Jesus é Mestre, e Kardec revelou-se-nos discípulo superior, modelo para todos nós, que desejamos alcançar a meta da perfeição.

⚜

Sem embargo, a Revelação, em toda a sua eloquência, permanecerá como o farol abençoado para os tempos porvindouros do amanhã, clareando rotas e iluminando consciências nos rumos da Vida verdadeira.

(Após a tempestade – 12ª edição – cap. 22)

Pergunta 12: Em virtude do rebaixamento dos valores morais, o homem que pauta suas atitudes no Evangelho encontra-se anacrônico em relação ao seu tempo? O comportamento, conforme recomenda o Evangelho, ainda não é para os nossos dias?

Resp.: O desprezo e a desconsideração constantes a esse código há custado o prolongamento das dores entre as criaturas e o desespero que grassa, ininterrupto, ceifando as jovens promessas do futuro, em florações que não alcançam a glória ditosa da frutificação...

E surgem os arremedos de culto a Satã, a modernização do espírito cristão em conciliábulos vexatórios com os instigadores do rebaixamento moral do homem, em aberrantes espetáculos de pesquisa, dita religiosa, nos templos, nos teatros, nas televisões, nos cinemas, nas ruas, atentando, sob o beneplácito da acomodação quase generalizada, contra os veros postulados da fé, do amor, da paz que ressumbram da Boa-nova, conspurcada na vivência atual, mas sublime na sua legitimidade intrínseca, ainda não atingida pela grande mole humana...

Ciclo transitório o destes dias de demolição pertinaz, é a madrugada do período feliz que se avizinha promissor.

Aos espíritas sinceros cabe o relevante labor de construir sobre os escombros morais da atualidade o homem integral, conforme as características do Evangelho, homem-protótipo da Humanidade ditosa do porvir.

Consubstanciando o Verbo divino nas atitudes, o cristão novo se deve aplicar ao indeclinável ministério da ação elevada, atualizando os postulados evangélicos na vivência diária, de tal modo que os cultivadores da insensatez e da perturbação, após os incessantes tormentos que os vergastam, permitam-se a terapêutica salutar de Jesus Cristo, o Médico Divino de todos nós...

(Celeiro de bênçãos – 9ª edição – Proêmio)

Pergunta 13: Como furtar-se aos hábitos e vícios existentes no organismo social, principalmente aos apelos do sexo?

Resp.: Profundamente vinculados ao Espírito, os hábitos decorrem do uso correto ou não que se imprime às funções desta ou daquela natureza.

No que diz respeito às experiências sexuais, pela imposição procriativa, atendendo à lei de reprodução, o Espírito no corpo engendra as grades do presídio em forma de viciações escravizantes ou as asas da sublimação libertadora.

A generalidade das pessoas, no entanto, padece a constrição dos apelos da retaguarda primitiva, fugindo, a princípio impensadamente, e depois em consciência, às responsabilidades em relação ao aparelho genésico, mergulhando nos fun-

dos fossos dos vícios cruéis, nos quais a jaula da loucura aprisiona precipitadamente.

Por isso, sejam quais forem as chamadas liberações morais que te facultem o abuso, resguarda-te no equilíbrio.

⚜

Respeita, assim, nos limites que a vida te coloca ao alcance da evolução, a oportunidade redentora de que não te podes furtar.

⚜

Equilíbrio em qualquer circunstância como sinal de vitória sobre as paixões e de renovação na luta.

(Convites da vida – 10ª edição – cap. 17)

Pergunta 14: Existem muitas criaturas em total dependência dos vícios. O que há por trás disso? O que fazer?

Resp.: O vício faz-se um impositivo orgânico ou psicológico que deve, afervoradamente, ser combatido.

⚜

Além das conjunturas meramente psicofisiológicas, merece considerar-se que, em toda dependência viciosa, há sempre uma lancinante força obsessiva, mediante a qual seres pervertidos e viciados que viveram na Terra e se equivocaram, por processo natural de sintonia, imantam-se às criaturas humanas, às vezes sendo a causa do mal; em circunstâncias outras, o que é mais comum, dependentes, também, da falsa necessidade de que padece o homem...

Toxicomania, alcoolismo, tabagismo, sexualismo desvairado, paixões morais deprimentes, tais a mentira, a calú-

nia, a pusilanimidade, a idiossincrasia são amarras perigosas e constritoras que ora dizimam expressiva soma de seres humanos nos vários pontos da Terra.

Sejam quais foram as razões para a queda ou para a fuga que não resolve o problema que aflige o homem, sustenta o esforço e preserva o equilíbrio, reunindo as tuas possibilidades para a autossuperação.

⚜

Todos podem enfermar, permitir-se depender desta ou daquela força primitiva e cruel. Lutar pela saúde e libertação, porém, constitui-lhe a prova fundamental do exercício da razão.

(Oferenda – 6ª edição – cap. 31)

Pergunta 15: Em virtude das dificuldades da vida, as pessoas andam temerosas, aflitas, cheias de dúvidas e sem fé no futuro. Como cultivar novamente a fé?

Resp.: No ministério da Vida espiritual, a fim de que o homem sobreviva ao clima de desespero que irrompe de todo lado, com as altas cargas da aflição, do medo, da dúvida, que se generalizam, a fé é imprescindível para a aquisição do equilíbrio.

⚜

À fé inata devem ser adicionados os valores da reflexão e da prece, de modo a canalizar a inspiração superior que passa a constituir fonte geradora de preservação do necessário capital da confiança.

Às vezes, para que as sementes que jazem no solo das almas, em latência, desdobrem-se em embriões de vida, torna-

-se imperioso que surjam condicionamentos psíquicos, somente possíveis mediante a busca sistemática pela razão, pelos fatos, através da investigação.

Seja, porém, como seja, o homem não pode prescindir do valioso contributo da fé.

⚜

A fé é a flama divina que aquece o Espírito e dá-lhe forças para superar tudo: mágoas, desaires, revoltas, traições e até mesmo a morte.

(Convites da vida – 10ª edição – cap. 22)

Pergunta 16: Dizem alguns que a paciência é a ciência da paz. Como lograr essa paciência?

Resp.: A paciência é o fator que representa, de maneira mais eficiente, o equilíbrio do homem que se candidata a qualquer mister.

Fácil é o entusiasmo do primeiro impulso, comum é o desencanto da terceira hora.

A paciência é a medida metódica e eficaz que ensina a produzir no momento exato a tarefa correta.

⚜

Perante tarefas acumuladas e problemas, indispensável façamos demorado exame e cuidadosa reflexão antes de apressar atitudes.

⚜

A paciência significa autoconfiança.

A pirâmide se ergueu bloco a bloco.

As construções grandiosas resultaram da colocação de peça sobre peça.

⚜

O que hoje não consigas, perseverando com dignidade e paciência, lograrás amanhã.

Paciência não quer dizer amolentamento, mas dinâmica eficiente e nobre de produzir diante dos deveres que nos competem desdobrar.

(Convites da vida – 10ª edição – cap. 34)

Pergunta 17: Qual o papel da paciência e sua importância?

Resp.: Virtude que escasseia, a paciência é de relevante importância para os cometimentos expressivos a que te propões.

Sem ela, a irritação comanda os feixes nervosos, e desequilíbrios imprevisíveis irrompem na máquina física, comprometendo toda e qualquer realização.

⚜

Mediante exercícios regulares de reflexão e contenção dos impulsos da personalidade inferior, plasmarás condicionamentos íntimos que imprimem calma e equilíbrio, culminando em harmonia interior, geradora da paciência.

⚜

A paciência, assim, conseguida, conferirá salutares recursos para o enobrecimento espiritual daquele que a cultiva.

⚜

Consequência do cansaço, do marasmo, da rotina, a irritabilidade significa sinal vermelho *na tarefa que executas.*

Indispensável vigiar-lhe o surgimento.

Sutil, explode, de quando em quando, repetindo-se o clima de irascibilidade, que toma as paisagens da ação, estabelecendo nefanda presença, contumaz e enfermiça.

A paciência, ao contrário, resiste às más circunstâncias e às tediosas ocorrências. É confiante, gentil, otimista, sem que deixe de ser responsável, séria, recatada.

Suporta vicissitudes com galhardia e não esmorece, quando os resultados demoram a expressar-se. Espera com coragem e não desfaleças.

(...) Caso te sintas portador de constante mau humor, estás necessitando de auxílio da paciência, a fim de refundires o ânimo, renovares conceitos e atividades, orando, com a sede de quem, urgentemente, precisa da água da paz.

⚜

Recorre à paciência, sempre e em qualquer situação, e ela te ajudará a servir, amar e aguardar amanhã o que hoje se te afigura improvável ou irreversível...

A paciência é, também, irmã da fé, porquanto, todo aquele que crê, espera e confia tranquilamente.

(Celeiro de bênçãos – 9ª edição – cap. 49)

Pergunta 18: Pessoas há que não conseguem ver nada com bons olhos, pois são tristes, derrotistas, pessimistas. Como esclarecê-las?

Resp.: Não vitalizes tristezas nem desencantos, apesar das configurações de sofrimentos que surjam e se avolumem pela senda que percorres.

Quando tudo parece perdido, invariavelmente uma solução surge, inesperada, providencial...

Sombras não se modificam com sombras.

⚜

Mister esparzir luz e fazer canais providenciais.

Para tanto, o homem deve impor-se a tarefa de abrir janelas de otimismo nas salas onde dominaram tristezas e arejar escaninhos pestilenciais de pessimismo mediante o aroma da esperança.

Pessimismo é enfermidade que engendra processo de psicose grave por antecipação de um mal que, talvez, não ocorrerá.

⚜

Entrega-te a Deus e deixa-te conduzir tranquilamente.

Otimismo é estímulo para o trabalho, vigor para a luta, saúde para a doença das paisagens espirituais e luz para as densas trevas que se demoram em vitória momentânea.

(Convites da vida – 10ª edição – cap. 33)

Pergunta 19: Como agir quando o desencanto nos alcança, mesmo estando nas fileiras da Doutrina Espírita?

Resp.: Após a emoção do encontro com a Doutrina Espírita, agora, quando os deveres constituem norma de comportamento diário na tua vida, observas, algo desencantado, a necessidade da contínua renovação de forças, a fim de não desfaleceres.

Supunhas, inicialmente, que logo seriam resolvidos todos os problemas. Todavia, ei-los que retornam, afligentes, complexos.

Dispões, porém, de recursos valiosos que não podes desconsiderar e graças aos quais não desfalecerás.

Reflete:

Quem tem fé, não se abate ante noite escura.

Quem confia, não se desespera na convulsão.

Quem ama, não se debate na desconfiança.

Quem crê, não se tortura na incerteza.

Quem espera, não se atira nos braços da aflição.

Quem serve, não se agasta com a ingratidão.

Quem é gentil, não aguarda entendimento.

Quem é puro, não se revolta com as calúnias.

Quem perdoa, não para na caminhada a fim de recolher escusas.

Quem se renova no Cristo, não retorna à prisão do erro.

Se tens fé, persevera.

(Celeiro de bênçãos – 9ª edição – cap. 4)

Pergunta 20: O perdão ainda é uma prática muito difícil entre nós. Que lições o perdão ensina?

Resp.: Guardando as mágoas – e na Terra são muitas as dificuldades que surgem, produzindo mal-estar –, padecerás sob imundícies e conduzirás fluidos deletérios.

Se perdoares, porém, prosseguirás em clima de renovação superior e em labor otimista.

O perdão é sempre mais útil a quem o concede.

Se perdoares o vizinho invigilante, ele se sentirá estimulado a não repetir a experiência perniciosa; poderá ajudar alguém; concederá ensejo de desculpa a outrem que o haja ofendido; sentir-se-á confiante para recomeçar tudo e volver atrás, anulando o erro cometido...

Se perdoares, auxiliarás a comunidade, medicando com amor o indivíduo que está enfermo a pesar na economia social.

Se perdoares, olvidando a ofensa e ajudando o malfeitor, terás logrado a comunhão com o Mestre inexcedível que, embora incompreendido, traído, abandonado, martirizado e pregado a duas traves, que eram símbolos de infâmia justiçada, perdoou os que O esqueceram e prossegue até hoje os amando, qual faz com nós próprios, que a cada instante estamos de mil formas vigorosas ou sutis traindo, deturpando, menosprezando, usando indevidamente as sublimes concessões que fruímos para a redenção espiritual, ainda sem o sucesso que já deveríamos ter alcançado.

Perdoa, portanto, a fim de seres perdoado.

(Celeiro de bênçãos – 9ª edição – cap. 10)

Pergunta 21: Como exercitar o perdão?

Resp.: A fim de colimares a excelência do perdão aos que te ofendem, é mister que te adestres mediante antecipados critérios e exercícios contínuos.

⚜

Não te descuides de ler uma página mensageira de otimismo, capaz de produzir júbilo no teu mundo íntimo.

Reprime as observações menos dignas, as apreciações fúteis, as referências deprimentes e maliciosas.

Estimula a conversação edificante e quando não possas fazê-lo, reserva-te silêncio discreto, propiciatório a reflexões salutares.

Todo labor para alcançar êxito impõe a necessidade de uma técnica própria, de uma diretriz segura.

Indispensável exercitar-te mentalmente para o cometimento do perdão, a que estás chamado a cada instante.

Treina, então, a paciência, disciplinando a vontade e aprimorando a indulgência.

Não te permitas autocomiseração ou personalismo prejudicial.

Cada ser é o que constrói interiormente.

A vida sempre devolve o que recebe. Tem cuidado.

(Celeiro de bênçãos – 9ª edição – cap. 25)

Pergunta 22: Algumas vezes, no exercício das tarefas espíritas, somos defrontados com situações difíceis e embaraçosas. Como devemos nos prevenir contra elas?

Resp.: No acendrado labor pela integração definitiva no espírito do Cristianismo, não descures a vigilância que preserva a paz e favorece o equilíbrio das atitudes.

⚜

Se abraças a tarefa da exposição evangélica pelo verbo ou através da escrita, penetra-te da responsabilidade a respeito das lições explicadas e não cedas terreno à insensatez sob qualquer aspecto que se apresente.

Se exercitas o socorro mediúnico na tarefa curadora, mediante os passes ou orientações espiritistas, ou se abres o coração ao esclarecimento dos desencarnados em turbação, ou a perseguidores infelizes, vinculados por vinganças primitivas, não te concedas deslizes morais, mesmo aqueles que as convenções a pouco e pouco chancelam como comportamento social moderno.

Se acordas para a assistência aos necessitados do carreiro carnal, junto à infância ao abandono, ou à velhice em desvalimento, ou a enfermos ao relento, ou à pobreza em desconcerto, ou à rebeldia desenfreada, não te ensejes agitação, fomentando a malversação de quaisquer valores positivos.

Se ajudas nos misteres modestos, ignorados, ou tidos como humilhantes, realiza o melhor ao teu alcance, sem a presunção de galgar os postos de comando ou de preeminência, tão do agrado da vaidade, quanto simultaneamente perigosos.

Se doutrinas, doutrina-te primeiramente, atestando pelos atos que o mais excelente ensino deriva do exemplo vivido no quotidiano.

⚜

Cada um é o esforço que envida em prol do burilamento interior. (...)

Consciente de que estás servindo à Causa do Cristo, não concedas oportunidade ao elogio nem ao depreciamento.

(Celeiro de bênçãos – 9ª edição – cap. 12)

Pergunta 23: Como vencer ofensas que nos atiram, e perdoar?

Resp.: Quando te conscientizares de que és Espírito em aprendizado inestimável na Terra, e não te sobrestimares, passarás a recolher de cada experiência os resultados benéficos que te podem ser propiciados.

Desse modo, a ofensa, assim examinada, produz resultados e frutos opimos, exatamente o oposto do desejo do ofensor.

Ao invés de reagires desta ou daquela forma, equivalente ao revide, mergulha no exame do petardo que te é atirado e retira dele as lições de que precisas.

Perceberás que o ofensor se transforma em amigo ignorado, em vigilante observador dos teus atos, aguardando ocasião para alcançar-te em erro. Vigiarás, então, melhormente a tua conduta, e aspirarás a horizontes mais felizes, esforçando-te por libertação e paz.

Assim procedendo, sentirás estímulo por testificares as resistências íntimas, e, esclarecido quanto às conjunturas da estrada evolutiva, esforçar-te-ás mais para abandonar as faixas primárias em que ainda transitas.

(Celeiro de bênçãos – 9ª edição – cap. 28)

Pergunta 24: Em qualquer grupamento humano – e a Casa Espírita não foge à regra – existem melindres e dissensões. Como conviver com os que assim agem?

Resp.: Infelizmente, em todos os setores das atividades humanas ocorrem dissensões e debates, alguns dos quais se fazem fatores de ordem e evolução.

Dissentir, porém, não é separar. Discordar de opinião não significa provocar querela ou balbúrdia, divisão ou anarquia.

É lamentável considerar que a dissensão campeia porque os elementos constitutivos do grupo social se caracterizam por qualidades que supõem possuir, mas que não se esforçam sequer por conquistar.

A maioria se acredita formada de campeões da humildade; grande parte se pressupõe ases do dever retamente cumprido; excessiva massa se nomeia como líder do trabalho, no entanto, raros desejam ser apenas servidor, o melhor título que se pode disputar, considerando que o Mestre Jesus outra coisa não fez que se tornar o servidor de todos por excelência.

Diante dos dissidentes contumazes e dos que se adornam de melindres – enfermos habituais carecentes de compaixão por se alimentarem de venenos destruidores –, mantém a serenidade, e não te agastes com eles. Esquecem-se do lado bom que possuem e se aferram à natureza inferior que neles predomina, tornando-se algozes impiedosos de si mesmos.

⚜

Cultivam o amor-próprio com esmero.

⚜

Não vás com eles, nem os sigas mentalmente sequer. Aprenderão amanhã ou mais tarde com a vida ou por si próprios.

Quase sempre são falazes, inconvenientes. Ameaçam tudo contar e mentem, refugiando-se na própria alucinação como se justificando o desequilíbrio que os aflige.

Dissensões – sempre houve, em todos os campos e por muito tempo haverá.

Sê tu cordato, não, porém, subserviente; humilde, contudo, não vulgar; bondoso, sem a preocupação de conquistar afeição por esse meio. A amizade é o salário honroso que os socorridos podem tributar aos seus benfeitores. Se são ingratos, não poderás receber nem esperar outra coisa senão o ultraje.

(Florações evangélicas – 5ª edição – cap. 10)

Pergunta 25: Muitas pessoas dizem-se incapazes de se concentrar durante uma simples prece ou oração, no entanto, guardam mágoas e ressentimentos por longos anos. Como combater mágoas e ressentimentos em nós?

Resp.: A mágoa pode ser comparada à ferrugem perniciosa que destrói o metal em que se origina.

Normalmente se instala nos redutos do amor-próprio ferido e, paulatinamente, se desdobra em seguro processo enfermiço, que termina por vitimar o hospedeiro.

De fácil combate, no início, pode ser expulsa mediante a oração singela e nobre, possuindo, todavia, o recurso de, em habitando os tecidos delicados do sentimento, desdobrar-se em modalidades várias, para, sorrateiramente, apossar-se de todos os departamentos da emotividade, engendrando cânceres morais irreversíveis. Ao seu lado, instala-se, quase sempre, a aversão, que estimula o ódio, etapa grave do processo destrutivo.

⚜

Muitas distonias orgânicas são o resultado do veneno da mágoa, que, gerando altas cargas tóxicas sobre a maquinaria mental, produz desequilíbrio no mecanismo psíquico com lamentáveis consequências nos aparelhos circulatório, digestivo, nervoso...

O homem é, sem dúvida, o que vitaliza pelo pensamento. Suas ideias, suas aspirações constituem o campo vibratório no qual transita e em cujas fontes se nutre.

⚜

O teu ofensor merece tua compaixão, nunca o teu revide.

Aquele que te persegue sofre desequilíbrios que ignoras e não é justo que te afundes, com ele, no fosso da sua animosidade.

Seja qual for a dificuldade que te impulsione à mágoa, reage, mediante a renovação de propósitos, não valorizando ofensas nem considerando ofensores.

(Florações evangélicas – 5ª edição – cap. 24)

Pergunta 26: Normalmente achamos a vida muito difícil e não costumamos agradecer as bênçãos que recebemos. Mostre-nos alguns motivos para sermos gratos à vida, e o que é a gratidão.

Resp.: Diz-se comumente que a vida não merece ser vivida, pois que somente decepções e lutas se amontoam por todo lado, em torva conspiração contra a paz.

E há tanta beleza e harmonia na Terra!

No entanto, acostumado às bênçãos, o homem não as aquilata devidamente, reportando-se ao seu valor somente quando as circunstâncias o privam de qualquer uma dessas concessões.

⚜

Se possuis visão, recorda os que a perderam.

Se dispões da audição, pensa nos que não conseguem ouvir.

Se podes movimentar-te, evoca os limitados na paralisia.

Se desfrutas saúde, considera os padecentes das múltiplas enfermidades.

Se és aquinhoado com um lar, examina a situação dos desabrigados.

Se te fizeste pai ou mãe, tem em mente os que não lograram fruir tal aspiração.

Se reténs os valores transitórios, medita a respeito dos que nada possuem.

Mas se te escasseia esta ou aquela dádiva, tem paciência e espera.

Ninguém na Terra se encontra afortunadamente completo, como ninguém há que esteja em abandono total.

Aqueles que te parecem felizes, apenas parecem. E os que se te afiguram desgraçados, estão temporariamente resgatando dívidas, dirigidos por sábios desígnios.

Gratidão é rara moeda entre os homens. Habituados à ambição desenfreada, da vida somente desejam gozar, sem outra aspiração, aquela que conduz à plenitude permanente, a dos valores imperecíveis.

(Florações evangélicas – 5ª edição – cap. 28)

Pergunta 27: Em certas ocasiões, parece que as ofensas são dirigidas intencionalmente. Mesmo nesses casos, devemos perdoar?

Resp.: Sim, deves perdoar! Perdoar e esquecer a ofensa que te colheu de surpresa, quase dilacerando a tua paz. Afinal, o teu opositor não desejou ferir-te realmente, e, se o fez com essa intenção, perdoa ainda, perdoa-o com maior dose de compaixão e amor. Ele deve estar enfermo, credor, portanto, da misericórdia do perdão.

⚜

Se ele agiu, cruciado pela ira, assacando as armas da calúnia e da agressão, foi vitimado por cilada infeliz da qual poderá sair desequilibrado ou comprometido organicamente. Possivelmente não irá perceber esse problema, senão mais tarde.

Quando te ofendeu deliberadamente, conduzindo o teu nome e o teu caráter ao descrédito, em verdade se desacreditou ele mesmo. Continuas o que és e não o que ele disse a teu respeito.

Conquanto justifique manter a animosidade contra tua pessoa, evitando a reaproximação, alimenta miasmas que lhe fazem mal e se abebera da alienação com indisfarçável presunção.

Perdoa, portanto, seja o que for e a quem for.

O perdão beneficia aquele que perdoa, por propiciar-lhe paz espiritual, equilíbrio emocional e lucidez mental.

⚜

O perdoado é alguém em débito; o que perdoou é Espírito em lucro.

⚜

Todo agressor sofre em si mesmo. É um Espírito envenenado, espargindo o tóxico que o vitima. Não desças a ele senão para o ajudar.

(Florações evangélicas – 5ª edição – cap. 36)

Pergunta 28: O Evangelho nos diz: "O amor cobre a multidão dos erros". As dificuldades que nos acontecem só ocorrem porque esquecemos do amor?

Resp.: Quando a chispa do ódio lavrou o incêndio da malquerença, deixaste-te carbonizar pelas chamas do desespero.

(...) Quando o chicote da calúnia estrugiu nas tuas intenções nobres, concedeste-te a insensatez do desânimo que se transformou em enfermidade difícil...

Quando a nuvem da discórdia sombreou o grupo feliz das tuas amizades, julgaste-te abandonado, destroçando os planos superiores da edificação da alegria, onde armazenavas sonhos para o futuro...

⚜

Quando o ácido da irritabilidade alheia te foi atirado à face, foste dominado de fúria da reação desvairada, fazendo-te perder abençoada ocasião de ajudar...

Tudo porque esqueceste da justa e necessária dose de amor.

Uma baga apenas teria sido suficiente.

Se amasses, todavia, com legítima qualidade de amor, o ódio cederia lugar à expectativa do bem, a intriga se desagregaria, a calúnia seria dissipada, a discórdia se apaziguaria, o ciúme se teria anulado, a irritabilidade se dulcificaria e a vida, então, adquiriria a sua santificante finalidade.

(Florações evangélicas – 5ª edição – cap. 40)

Pergunta 29: Atualmente existe muita tristeza e melancolia envolvendo as criaturas. Como devemos combater tal estado de espírito?

Resp.: Expulsa a melancolia da tua alma, essa hóspede teimosa que te envolve no dossel de mil amarguras, segredando desânimo e desassossego.

Ninguém está a sós na sua dor.

Melancolia é também enfermidade ou síndrome de obsessão...

Olhos vigilantes contemplam tua aflição; ouvidos discretos registram os apelos da tua soledade.

Há muitos que, acompanhados, caminham em indescritível solidão e há solitários que, seguindo, recebem a contribuição de acompanhantes afervorados.

Não suponhas que as lágrimas estanques em teus olhos afoguem todas as tuas esperanças, considerando que muitos olhos incapazes de filtrar o raio luminoso se apagaram, experimentando nas lágrimas o doce banho de refazimento.

Sai do casulo do "eu" e analisa as chagas expostas da Humanidade em desalinho, e não te atrevas a desconsiderar a Misericórdia Divina, que coloca bálsamo nas feridas ocultas do teu coração.

Estuga o passo na desabalada jornada do desespero.

Detém o corcel das tuas aflições e faze a viagem de volta ao oásis da confiança divina.

Além de ti, na véspera ensolarada, o lírio medra esguio e solitário, embalsamando o ar para sofrer o colibri aligeirado que lhe rouba néctar e conduz o pólen que reproduz adiante!

Longe da tua dor há dores salmodiando sinfonias inarticuladas de resignação.

Há esplendor em toda a parte para quem deseja descobrir tesouros nas estrelas fulgurantes do crepe noturno.

Espera mais, alenta o bom ânimo!

(Espírito e vida – 1ª edição comemorativa – cap. 50)

Pergunta 30: "A paz seja convosco" era uma saudação usada nos primeiros núcleos cristãos. Qual a importância da paz e as condições de sua aplicação nos dias atuais?

Resp.: A paz é de fundamental importância para o homem e suas comunidades em todos os períodos da vida.

Com ela surge a prosperidade, multiplicam-se as conquistas e as suas realizações dão campo ao progresso das letras, das artes, das ciências.

Aumentam a fraternidade entre as criaturas e o sadio intercâmbio entre as nações, crescendo os estímulos de mercados comerciais e industriais.

Desenvolvem-se programas de cultura e de pesquisas, mediante os quais se afirmam os valores éticos da civilização.

A paz, no entanto, não pode ser adquirida somente através das assinaturas em documentos de armistícios, ou concertos diplomáticos nos quais se estabelecem normas delimitadoras da ação dos homens e dos povos.

⚜

Poderíamos dizer que são os mecanismos estabelecedores da chamada paz do mundo, no que se refere a criaturas e nações.

⚜

No que diz respeito à paz individual, há quem suponha que se expresse pela ausência de esforço ou sacrifício, semelhando-se à serenidade perigosa das águas estagnadas que dão guarida a doenças e morte.

⚜

A paz não vem mediante a anuência dos ignorantes que aplaudem o sucesso dos poderosos, tornando-os mais vaidosos e prepotentes, tanto quanto não pode ser retratada na preguiça física ou mental dos abastados.

Resulta de ação correta, mesmo quando não elogiada ou aceita, que se estrutura na consciência tranquila pelo dever cumprido, embora não concorde com a situação dominante, proporcionando um coração harmonizado nos seus sentimentos éticos.

É trabalhada ao longo do tempo, numa conquista íntima, que se faz passo a passo, estruturando a realização nobre, lentamente, através da superação dos desejos mesquinhos com disciplina interior.

(Otimismo – 12ª edição – cap. 22)

Pergunta 31: Como estabelecer a paz em derredor de nós?

Resp.: Em favor da expansão da paz, não esperes o que te possam doar os outros.

Se uma palavra pode facultar o desencadeamento dos valores que pacificam, sê tu quem a expresse.

Se o pensamento de equilíbrio faz-se elemento de sustentação da harmonia, projeta-o sem o aguardar em outrem.

Se uma atitude pode influenciar o clima de tranquilidade das pessoas, esforça-te por produzi-la.

Fala e realiza tudo quanto leva à paz, mantendo-te em serenidade.

Emite a voz com vibração de amor, opinando ou esclarecendo.

Age sem precipitação, porque a ação acelerada desarmoniza e inquieta.

Não aumentes o volume daqueles que tudo veem mal, esmiúçam o erro e comentam a agressividade.

Tranquilo, fomentarás o otimismo e manterás a alegria em ti mesmo e em volta dos teus passos.

(Otimismo – 12ª edição – cap. 37)

Pergunta 32: Existe muita ociosidade travestida de depressão. O que é a ociosidade e quem é o ocioso?

Resp.: A ociosidade é cruel inimigo da criatura humana e fator dissolvente que se insinua nas tarefas do bem, nas comunidades que laboram pelo progresso.

Após vencer aquele de quem se apossa, espalha o seu ar mefítico, contaminando quantos se acercam da sua vítima, que se transforma em elemento pernicioso, refugiando-se em mecanismos de evasão de responsabilidade sob a condição de abandonado pela fraternidade alheia.

⚜

O ocioso faz-se ególatra; termina impiedoso.

Solicita direitos, sem cumprir com os deveres que lhe dizem respeito.

Parasito social, é hábil na dissimulação dos propósitos infelizes que agasalha.

Dispõe de tempo para censurar os que trabalham e observa, nos outros refletidas, as imperfeições que de si transfere.

Sua palavra enreda os incautos, torpedeando os programas que exigem ação.

⚜

Bom palestrante, conselheiral, cômodo, refugia-se na gentileza para atrair simpatias, desde que lhe não seja exigido esforço.

Sabe usar os recursos alheios e estimula as tendências negativas, insuflando, com referências encomiásticas, o orgulho, a vaidade, a insensatez.

Na enfermidade de que padece, não se dá conta da inutilidade que o caracteriza.

(Otimismo – 12ª edição – cap. 23)

Pergunta 33: Dá-nos a impressão de que cresce, hoje, o número de pessoas indiferentes. O que é a indiferença e de que padece o indiferente?

Resp.: A indiferença, em qualquer situação em que se expresse, é morte da ação que induz a criatura ao progresso.

O indiferente padece de um estado mórbido, que o domina a pouco e pouco, ameaçando-lhe o equilíbrio, anulando as motivações que o capacitam para a luta.

Seja como for que se apresente, a indiferença denota ausência de vida, de ideal vitalizador.

Quem sofre de tal contingência, deambula em estado de transe, sem estímulos para liberar-se.

A pessoa indiferente, no entanto, não ouve nem quer ver, de alguma forma acomodando-se à situação mental e física em que mergulha.

(Oferenda – 6ª edição – cap. 14)

Pergunta 34: O que é e como surge o egoísmo?

Resp.: O egoísmo é parasita destruidor.

Observa o ciúme e verás o egoísmo revoltado por não deter a posse.

Examina a ira e descobrirás o egoísmo contrariado, explodindo.

Detém-te na calúnia e sentirás o egoísmo em regozijo.

Acompanha a maledicência e tropeçarás no egoísmo em jornada de insensatez.

Contempla a vingança e a terapia que tenhas será para o egoísmo que enlouqueceu.

Confere o furto e o egoísmo justificará a posse indébita.

Em qualquer crime contra o indivíduo, a propriedade, o povo, as nações, eis o egoísmo, campeão da desdita, segurando as rédeas de comando arbitrário.

(Oferenda – 6ª edição – cap. 33)

Pergunta 35: Como reagir ao pessimismo e à apatia?

Resp.: Elimina do teu vocabulário as frases pessimistas habituais, substituindo-as por equivalentes ideais.

Não digas: "não posso", "não suporto mais", "desisto". Faze uma mudança de paisagem mental e corrige-a por outras: "tudo posso, quando quero", "suporto tudo quanto é para o meu bem" e "prosseguirei ao preço do sacrifício para a vitória que persigo".

O homem transita pelos caminhos que elege, nos quais se compraz.

A apatia é doença da alma, que a todos cumpre combater com as melhores disposições.

Na luta competitiva da vida terrestre, não há lugar para o apático.

Receando o labor bendito ou dele fugindo, mediante mecanismos de evasão inconsciente, a criatura se deixa envenenar pela psicosfera mórbida da autopiedade, procurando inspirar compaixão antes que despertar e motivar o amor.

Nos estados apáticos, iniciam-se os processos de auto-obsessão quanto da submissão obsessiva a Espíritos inconsequentes que se comprazem em explorar, psíquica, emocional e organicamente, os que se lhes fazem vítimas espontâneas...

Reage com vigor à urdidura da apatia, do desinteresse.

Ora e vence o adversário sutil que em ti procura alojamento, utilizando-se de justificativas falsas.

A Lei do trabalho é impositivo das leis naturais que promovem o progresso e fomentam a vida.

(Alerta – 7ª edição – cap. 35)

Pergunta 36: Muitas pessoas relutam em usar a indulgência. Afinal, o que é indulgência?

Resp.: Há quem negue a doação da indulgência, justificando que tal oferta pode converter-se em estímulo ao erro ou transformar-se em benignidade para com aquele que erra.

A indulgência, porém, não pode ser considerada como aquiescência para com o mal, antes, porém, qual terapêutica de profundidade que se inicia sem alarde, resultando em renovação e levantamento de forças de quem jaz sem esperança.

A indulgência para com as falhas alheias desperta o homem para o exame e a vigilância das próprias fraquezas.

⚜

A indulgência dignifica o cristão e emula-o a passos mais expressivos, a atitudes mais decisivas nos empreendimentos de elevação espiritual a que se afervora.

Nunca te negues à indulgência, seja qual for a circunstância e o gravame com que depares.

(Rumos libertadores – 5ª edição – cap. 25)

Pergunta 37: Como se manifesta e qual o roteiro do arrependimento?

Resp.: O arrependimento sempre se manifesta na consciência em débito para com a vida.

A princípio, ei-lo como lembrança da falta cometida de que já se não supunha existir qualquer sinal; posteriormente, a recordação do momento infeliz que se estabelece; mais tarde, a ideia rediviva dominante e, por fim, a obsessão do remorso, avassaladora.

⚜

Há pessoas que dizem: "arrependo-me de me não ter vingado".

Algumas exclamam: "arrependo-me de não ter expulsado o inimigo à minha porta".

Outros proferem: "arrependo-me do bem que fiz".

⚜

Em verdade, devemos arrepender-nos das más ações que cometemos, louvando sem cessar os momentos briosos do auxílio que dispensamos e agradecendo a Deus a oportunidade em que poderíamos ter ferido, mas não o fizemos, o ensejo de vingança, sem havermos descido a rampa da desgraça, a ocasião de negarmos o bem, tendo distendido a escudela da generosidade.

(Leis morais da vida – 15ª edição – cap. 11)

Pergunta 38: Existem pessoas que só conseguem harmonia e tranquilidade quando estão reclusas em retiros de descanso. O que é ser tranquilo?

Resp.: Quando existe harmonia interior, os ruídos de fora não ecoam perturbadoramente.

Se condicionas a tua tranquilidade a lugares, pessoas e fatores externos, submetes-te, apenas, ao anestésico condicionante para o lazer dos sentidos.

Se necessitas de silêncio, melodias, ginásticas para a tranquilidade, apenas estás no rumo. Sem que te possas manter sereno no retiro da natureza ou na atividade das ruas, entre sons harmoniosos e a poluição sonora, ritmos ginastas e a esfalfa das correrias nas leiras da caridade junto ao próximo, a tua aquisição ainda é miragem diletante, que facilmente se diluirá.

⚜

Um Espírito tranquilo não se atemoriza nem se enfada, não se desarranja nem se rebela, porquanto, pacificado pela consciência reta, vibram nele as energias da renovação constante e do otimismo perene.

(Leis morais da vida – 15ª edição – cap. 12)

Pergunta 39: Generaliza-se cada vez mais a agressividade. Qual a razão disso?

Resp.: Acostumado à lei da selva, o Espírito atribulado retorna à carne galvanizado pelas paixões que o laceram e de que não se deseja libertar, favorecendo facilmente que as reminiscências assomem ao consciente e se reincorporem à personalidade atual, degenerando nas trágicas manifestações da barbárie, que ora aterram todas as criaturas.

A agressividade reponta desde os primeiros dias da vida infantil e deve ser disciplinada pela educação, na sua nobre finalidade de corrigir os maus hábitos e criar outros salutares.

⚜

O agressivo torna-se vítima da própria agressividade, hoje ou posteriormente.

O organismo sobrecarregado pelas toxinas elaboradas arrebenta-se em crise de apoplexia fulminante.

⚜

Outrossim, gerando ódio em volta de si, o agressivo atrai outros violentos com os quais entra em choque, padecendo, por fim, as consequências das arbitrariedades a que se permite.

⚜

Acautela-te e vence a agressividade, antes que ela te infelicite e despertes tardiamente. Só o amor vence todo mal e nunca se deixa vencer.

(Leis morais da vida – 15ª edição – cap. 28)

Pergunta 40: As drogas destacam-se como um dos mais graves problemas da atualidade. Onde buscar a matriz desses males?

Resp.: Entre os vícios sociais e as graves ocorrências do momento de dor planetária, avulta-se a toxicomania, que está dizimando verdadeiras multidões que lhe tombam na infeliz urdidura, enlouquecidas hoje, em marcha para o suicídio amanhã...

A dependência de drogas alucinógenas é das mais graves injunções a que a criatura se entrega, normalmente numa iniciação inocente, que se agrava num compromisso sem libertação.

Justificativas socioeconômicas, de ordem familial ou ocasionadas por problemas emocionais e psicológicos, em forma de mecanismos de evasão da realidade, na busca de realizações alucinadas, não suportam sequer a mínima análise a respeito.

A fraqueza moral da vítima, que se não apoia nos valores éticos capazes de contribuir para a verdadeira felicidade do homem, a ausência de fé religiosa na mente e de comportamento cristão respondem, isto sim, pela desabalada correria dos que se entregam aos tóxicos, responsáveis pela violência, agressividade, loucura e autocídios que grassam em índices alarmantes por toda parte.

(Luz viva – 5ª edição – cap. 10)

Pergunta 41: Algumas pessoas censuram a assistência social, argumentando que os necessitados de hoje resgatam erros do passado. Nesses casos, a indiferença não é mais grave do que o auxílio?

Resp.: A indiferença ante a dor do próximo é congelamento da emoção, que merece combate.

À medida que o homem cresce espiritualmente, mais se lhe desenvolvem no íntimo os sentimentos nobres.

⚜

A indiferença coagula as expressões da fraternidade e da solidariedade, ensejando a morte do serviço beneficente.

O antídoto para esse mal, que reflete o egoísmo exacerbado, é o amor.

⚜

Há quem diga que os infelizes de hoje estão expiando os erros de ontem, na injunção de carmas dolorosos. Ajudá-los, seria impedir que os resgatassem.

É correto que a dor de agora procede de equívocos anteriores, porém, a indiferença dos enregelados, por sua vez, lhes está criando situações penosas para mais tarde.

Quem deve, paga, é da Lei. Mas quem ama dispõe dos tesouros que quanto mais se repartem, mais se multiplicam. É semelhante à chama que acende outros pavios e sempre faz arder, repartindo-se, sem nunca diminuir de intensidade.

Faze, pois, a tua opção de ajudar, e o mais a Deus pertence.

(Momentos de meditação – 5ª edição – cap. 9)

Pergunta 42: O que são as nossas paixões?

Resp.: A paixão é reminiscência da natureza animal predominante no homem.

Leva-o a tormentos inimagináveis, escravizando-o e dilacerando-lhe os sentimentos mais nobres.

⚜

Ela é a alma dos desejos incontrolados, vestígio do instinto que a razão deve conduzir.

Nesse estágio de primarismo, é o maior inimigo do homem, porque o asselvaja e domina.

Canalizada pela vontade disciplinada para objetivos elevados, transforma-se em força motriz que dá vida ao herói, resistência ao mártir, asas ao anjo, beleza ao artista e glória ao lutador.

(Momentos de meditação – 5ª edição – cap. 19)

Pergunta 43: Devido à carência afetiva, quase generalizada, as criaturas apegam-se a objetos e bens materiais, desmedidamente. Como fica a questão do desprendimento e da renúncia?

Resp.: A questão da renúncia aos bens materiais é de muita relevância no comportamento da criatura humana.

Sem ela a vida se torna insuportável, gerando apegos que se transformam em elos de escravidão, jungindo o ser a coisas de valor transitório incapazes de proporcionar plenitude, estado de paz interior.

Por sua vez, o apego às posses, sob o disfarce da necessidade de segurança, é dos mais temíveis adversários do indivíduo, porque responde pelo medo da perda, pela sistemática desconfiança em relação aos amigos e conhecidos, por fim, pela insatisfação que sempre se instala em quem possui, atormentado pelo desejo infrene de ampliar os recursos.

A renúncia impõe-se como medida saudável de equilíbrio, responsável pela preparação do Espírito para o momento da libertação do corpo.

De certo modo, o treinamento para a renúncia das posses terrenas predispõe a mudanças de atitude moral entre as pessoas e a vida.

(Momentos de iluminação – 4ª edição – cap. 18)

Pergunta 44: Existem pessoas que nada dizem de bom e proveitoso. Como evitar tais ocorrências?

Resp.: Quando te vejas envolvido pelo clima das conversações nefastas, muda de assunto, propõe tema diferente, conciliador, edificante, substituindo a vulgaridade e o pessimismo, que devem ceder espaço ao conhecimento da beleza e da verdade.

As conversas vis envenenam aqueles que as sustentam, enquanto vilipendiam vidas outras que padecem constrições e vivem situações difíceis, buscando superá-las a contributo de muito sacrifício.

Seja tua a palavra de gentileza e de esperança em qualquer situação.

Entretece comentários respeitosos e educa os que compartem as palavras, gerando otimismo e fraternidade a todo momento.

(Episódios diários – 10ª edição – cap. 7)

Pergunta 45: Diante de tanta violência, na qual os crimes são perpetrados em troca de ninharias, será que falta ao homem o sentimento de compaixão pelo semelhante?

Resp.: Escasseia, na atual conjuntura terrestre, o sentimento da compaixão.

Habituando-se aos próprios problemas e aflições, o homem passa a não perceber os sofrimentos do seu próximo.

⚜

Empedernindo o sentimento da compaixão, a criatura avança para a impiedade e até para o crime.

⚜

A compaixão é uma ponte de mão dupla, propiciando o sentimento que avança em socorro e o que retorna em aflição. É o primeiro passo para a vigência ativa das virtudes morais, abrindo espaços para a paz e o bem-estar pessoal.

⚜

A compaixão auxilia o equilíbrio psicológico, por fazer que se reflexione em torno das ocorrências que atingem a todos os transeuntes da experiência humana.

⚜

Mediante o hábito da compaixão, o homem aprende a sacrificar os sentimentos inferiores e a abrir o coração.

⚜

A compaixão está acima da emotividade desequilibrada e vazia. Ela age, enquanto a outra lamenta; realiza o socorro, na razão em que a última apenas se apiada.

(Responsabilidade – 1ª edição – cap. 9)

Pergunta 46: É muito comum, quando duas ou mais pessoas encontram-se juntas, ocorrer reclamações, pessimismo e lamentação. Qual o melhor remédio para a lamentação?

Resp.: Como consequência do período grave de transição, surgem o pessimismo, a desconfiança, as lamentações. De tal forma se vão arraigando no organismo individual e social, que os temas de conversação perdem os conteúdos ou se apresentam desconcertantes, caracterizados pelas sombras do desconforto, da mágoa, dos irrefreáveis desejos de vingança.

A lamentação grassa e perturba as mentes, impedindo a ação correta do bem, como se não adiantasse produzir com elevação, laborar com honradez.

Lamentar não é atitude saudável. Pelo contrário, produz deterioração dos conteúdos bons que ainda remanescem em muitas vidas e movimentam-nas, sustentando os ideais de engrandecimento humano.

A lamentação, qual ocorre com a queixa sistemática, é morbo portador de destruição, de desalento e morte.

Antídoto aos males que infestam os dias atuais, é ainda o amor a força única portadora de recursos salvadores.

(Momentos enriquecedores – 2ª edição – cap. 2)

Pergunta 47: Muitas pessoas chegam às casas espíritas presas a hábitos nocivos e doentios, e querem melhorar *do dia para a noite*. O que dizer para orientá-las?

Resp.: Não se alteram hábitos doentios, perniciosos, de um momento para outro com apenas disposição, sem o correspondente esforço para consegui-lo.

A transformação interior para melhor, que o conhecimento espírita propicia, é precedida de um necessário despertar para a aceitação de novos e preciosos valores morais, que satisfazem e harmonizam a criatura.

Desse modo, ao desejo de crescimento, devem aliar-se o esforço contínuo e o devotamento às ideias renovadoras, traba-

lhando-se por entender as diretrizes que se lhe apresentam, experimentando e insistindo na sua implantação no mundo íntimo.

A vitória de qualquer tentame chega após a permanência na sua execução.

(Momentos enriquecedores – 2ª edição – cap. 4)

Pergunta 48: Inúmeros males, na atualidade, são causados pelo desvirtuamento sexual. Qual seria um comportamento saudável em termos de sexo?

Resp.: A vida, portanto, saudável, na área do sexo, decorre da educação mental, da canalização correta das energias, da ação física pelo trabalho, pelos desportos, pelas conversações edificantes que proporcionam resistência contra os derivativos, auxiliando o indivíduo na eleição de atitudes que proporcionam bem-estar onde quer que se encontre.

As ambições malconduzidas, toda frustração decorrente do querer e não poder realizar, dão nascimento ao conflito. O conflito, por sua vez, quando não equacionado pela tranquila aceitação do fato, sobrepondo a identidade real ao ego dominador e insaciável, termina por gerar neuroses. Estas, sustentadas pela insatisfação, transmudam-se em paranoia de catastróficos resultados na personalidade.

Considerado na sua função real e normal, o sexo é santuário da vida, e não paul de intoxicação e morte.

Estimulado pelo amor, que lhe tem ascendência emocional, propicia as mais altas expressões da beleza, da harmonia, da realização pessoal; acalma, encoraja para a vida, tornando-se um dínamo gerador de alegrias.

(O homem integral – 23ª edição – cap. 7)

Pergunta 49: O ódio é um sentimento profundamente prejudicial. O que vem a ser o ódio?

Resp.: Etapa terminal do desarranjo comportamental, o ódio é tóxico fulminante no oxigênio da saúde mental e física.

Desenvolve-se, na sua área, mediante a análise injusta do comportamento dos outros em relação a si, e nunca ao inverso. Fazendo-se vítima, porque passou a um conceito equivocado sobre a realidade, deixa-se consumir pelo complexo de inferioridade, procedente da infância castrada, e descarrega, inconscientemente, a sua falta de afetividade, a sua insegurança, o seu medo de perda, a sua frustração de desejo, em arremessos de ondas mentais de ódio, até o momento da agressividade física, da violência em qualquer forma de manifestação.

O ódio é estágio primevo da evolução, atavicamente mantido no psiquismo e no emocional da criatura, que necessita ser transformado em amor, mediante terapias saudáveis de bondade, de exercícios fraternais, de disciplinas da vontade.

(O ser consciente – 18ª edição – cap. 2)

Pergunta 50: O que é a inveja?

Resp.: Remanescente dos atavismos inferiores, a inveja é fraqueza moral, a perturbar as possibilidades de luta do ser humano.

Em vez de empenhar-se na autovalorização, o paciente da inveja lamenta o triunfo alheio e não luta pelo seu; compete mediante a urdidura da intriga e da maledicência; aguarda o insucesso do adversário, no que se compraz; observa e persegue, acoimado por insidiosa desdita íntima.

Egocêntrico, não saiu da infância psicológica e pretende ser o único centro de atenção, credor de todos os cultos e referências.

Insidiosa, a inveja é resultado da indisciplina mental e moral que não considera a vida como patrimônio divino para todos, senão, para si apenas. Trabalha, por inveja, para competir, sobressair, destacar-se. Não tem ideal nem respeito pelas pessoas e pelas suas árduas conquistas.

(O ser consciente – 18ª edição – cap. 5)

CAPÍTULO II

TEMAS DOUTRINÁRIOS

Pergunta 51: Como devemos proceder para desenvolvermos as possibilidades de sintonia e afinidades superiores?

Resp.: Para que os Espíritos da Luz se afinem contigo é imprescindível movimentes os recursos do vaso orgânico, renovando conceitos e atitudes em torno do seu uso em todos os teus dias na Terra.

⚜

(...) Para que assimiles e reflitas as imagens da vida espiritual, necessitas recuperar a pureza com que recebeste o corpo das mãos dos benfeitores egrégios antes do renascimento.

Olvida a queixa e a tristeza, e se tornarão mais maleáveis os teus centros de registros psíquicos.

Esquece a maledicência e a hipocrisia, que viciam os órgãos vocais, e a inspiração do Alto escorrerá mais abundante pela tua boca.

Recupera o equilíbrio das emoções, e as sutis vibrações animarão o teu organismo.

Disciplina os nervos, e todo o sistema, gozando de invejável harmonia, transformar-te-á num conduto perfeito para as vibrações celestiais.

Desenvolve os sentimentos bons e a comunhão com as belezas das verdades eternas, através de uma fé pura e nobre, que consolará a tua alma, consolando a muitos.

(Messe de amor – 9ª edição – cap. 19)

Pergunta 52: A Lei de Afinidade também ocorre na sintonia moral. O mesmo acontece com os médiuns?

Resp.: As leis de afinidade ou de sintonia, que vigem em toda parte, respondem pela ordem e pelo equilíbrio universal.

⚜

Transferidas para a ordem moral, as leis de afinidade promovem os acontecimentos vinculando os indivíduos, uns aos outros, de forma que o intercâmbio seja automático, natural.

Mentes especializadas mais facilmente se buscam, em razão do entendimento e interesse que as dominam na mesma faixa de necessidade.

⚜

O homem colérico sempre encontrará motivo para a irritação; assim como a pessoa dócil com facilidade identifica as razões para desculpar e entender.

⚜

Na área psíquica, o fenômeno é idêntico.

Cada mente irradia-se em campo próprio, identificando-se com aquelas que aí se expandem.

⚜

Assim, os pensamentos positivos e superiores geram reações salutares, tanto quanto aqueloutros de natureza perturbadora e destrutiva produzem desarmonia e insatisfação.

No campo das expressões morais, o fenômeno prossegue com as mesmas características.

Os semelhantes comportamentos entre os homens e os Espíritos jungem-se, impondo-lhes interdependência de consequências imprevisíveis.

Se possuem um teor elevado, idealista, impelem os seres encarnados quão desencarnados a realizações santificantes, enquanto que os de caráter vulgar facultam intercâmbio obsessivo ou tipificado pela burla, mentira, insanidade...

É, portanto, inevitável afirmar-se que as qualidades morais do médium são de alta importância para o salutar intercâmbio entre os homens e os Espíritos.

(Momentos de meditação – 5ª edição – cap. 10)

Pergunta 53: Algumas pessoas prendem-se muito ao fenômeno e dedicam-se pouco à Doutrina. Como esclarecer pessoas assim?

Resp.: O essencial não é a adoção da crença pelas vantagens aparentes que ela oferece. É imprescindível estar ciente, por experiência pessoal, dos objetivos que a vitalizam.

A crença, nos moldes tradicionais, é rotulagem de fé. A ciência, pela participação ativa dos postulados, é comunhão com a fé.

Por isso, é necessário demandar o fulcro do pensamento acolhedor da crença para cientificar-se da sua legitimidade.

O crente é apenas um observador inoperante.

O ciente é um realizador ativo.

O primeiro produz para fora. Guarda a compostura da face, liga-se às fórmulas, entusiasma-se com as exposições, colabora com migalhas, presta satisfações, agrada...

O segundo realiza por dentro. Dispensa aparências, desdenha as rotinas, não valoriza hierarquias, raramente agrada, vive...

No primeiro empecilho, o crente queixa-se e foge, enquanto o ciente luta e sofre.

O crente vence no mundo porque a ele pertence. O ciente perde no mundo porque vence as convenções da superfície humana.

Um faz-se triunfador, recebendo honrarias e destaque social. As homenagens vestem-no com os ouropéis da falsa superioridade e dão-lhe embalagem da santificação.

O outro parece vencido. Desinteressa-se das coisas vãs, vencendo-se, libertando-se. Ninguém lhe descobre o valor.

No entanto, é nele que cantam as vozes da Mensagem Cristã, chamando-lhe a alma ansiosa e leal.

O exterior é fenômeno que passa.

O interior e consistente é Doutrina que fica.

⚜

Lembra-te do Espiritismo praticado e preocupa-te com o espírito da Doutrina.

O fenômeno é meio. A Doutrina é fim.

O fenômeno é informe. A Doutrina é esclarecimento.

O fenômeno chama. A Doutrina conduz.

O fenômeno é instrumento da Doutrina. A Doutrina é a vida do fenômeno.

(Messe de amor – 9ª edição – cap. 22)

Pergunta 54: Qual o significado das provações em nossas vidas?

Resp.: O fogo está presente em múltiplas operações da atividade humana e da vida em geral.

⚜

A provação para o Espírito encarnado é fogo purificador.

Dores na alma, em forma de angústia e saudade, provando a resistência da fé.

Dores no corpo, em úlceras purulentas, provando o valor da fé.

Dores no sentimento, em forma de ansiedade e frustração, provando a fé.

Todavia, de todas as lutas e provanças, sai a alma purificada para as inomináveis glórias da Imortalidade, como da ganga impura sai o ouro valioso para o esplendor dos diademas e os primores de ourivesaria.

Guarda-te, nas provações, no valioso refúgio da paciência, confiando no Celeste Pai.

Mesmo que chovam dificuldades, que a solidão assinale os teus dias e que ardam labaredas na alma, impedindo que o claro Sol pareça luminoso aos teus olhos, confia no Senhor e segue.

(Messe de amor – 9ª edição – cap. 53)

Pergunta 55 : Onde estão sediadas e quais as causas geradoras das alienações mentais e dos processos obsessivos?

Resp.: Questão grave que requisita acurados estudos e contínuo exame, a fim de haurir-se necessário conhecimento, a que diz respeito à problemática das distonias e afecções psíquicas, sejam decorrentes dos transtornos orgânicos e mentais, sejam de causa obsessiva.

Em cada processo de alienação mental, há uma causa preponderante com complexidades que escapam ao observador menos vigilante e pouco adestrado em relação às questões do espírito.

Cada enfermidade mental tem sua etiopatogenia específica sediada nas intrincadas tecelagens do perispírito do paciente, como resultado do comportamento que se permitiu de maneira equivocada.

Da neurose simples às complexas manifestações da hidro, da micro e da macrocefalia, do mongolismo, da oligofrenia, passando pelas faixas do retardamento, da demência, da idiotia, da esquizofrenia, as causas atuais possuem suas matrizes na anterioridade do caminho percorrido, no passado, pelo Espírito ora em alienação.

Pessoa alguma se evade à responsabilidade, sem que se veja defrontada pelos problemas criados, à frente.

Criminosos não justiçados reencarnam com psicoses maníaco-depressivas, como a tentarem fazer justiça ante o delito, não ressarcido, fixado na memória.

Na gama multiface das alienações mentais, a obsessão igualmente ocupa lugar expressivo.

Ódios demoradamente cultivados e decorrentes de erros graves vinculam os que se demoram no Além-túmulo aos que se reencarnaram na Terra, produzindo lamentáveis consórcios mentais de consequências imprevisíveis.

Amores violentos saciados em sangue, asfixiados em traição, silenciados em infâmias, mantidos em tramas urdidas para se libertar dos empecilhos, reagrupam algozes e vítimas no intercâmbio espiritual que se transforma em subjugações truanescas de curso demorado e pungente...

(Após a tempestade – 12ª edição – cap. 17)

Pergunta 56: Nas sociedades ocidentais lida-se muito mal com a morte. Existe muito temor em torno dela. A morte existe?

Resp.: Não há morte, ninguém se equivoque.

Só há vida, onde quer que se detenha o pensamento.

Da decomposição pestilencial da matéria surgem, multiplicadas, complexas formas de vida.

Morre a lagarta em histólise de desagregação para surgir a borboleta em histogênese admirável...

Morre a semente para libertar a planta...

Morre o sêmen para formar o corpo...

Morre o corpo para que se liberte o Espírito, que dele se utiliza como de um veículo em romagem purificadora.

Sem dúvida, a morte constitui dor inominável quando arrebata o ser querido, retirando-o da convivência e da ternura dos que o amam...

⚜

Desencarnar é desembaraçar-se da carne.

Morrer, literalmente, significa cessar de viver.

Do ponto de vista espiritual, porém, morte é vida, e vida no corpo pode afigurar-se como morte transitória da liberdade e da plenitude da lucidez.

Vive, pois, de tal forma que, advindo a morte ou a desencarnação, estejas livre e prossigas feliz.

(Após a tempestade – 12ª edição – cap. 23)

Pergunta 57: Muitas vezes as pessoas dizem que sexo é amor; outras separam o amor do sexo. O que é então o amor?

Resp.: O amor é estágio mais elevado do sentimento.

O homem somente atinge a plenitude quando ama. Enquanto anseia e busca ser amado, foge à responsabilidade de amar e padece infância emocional.

No contexto social da atualidade hodierna, todavia, a expressão amor *sofre a desvalorização do seu significado para experimentar a decomposição do tormento sexual, que não passa de instinto em desgoverno.*

Sem dúvida, o sexo amparado pelo amor caracteriza a superioridade do ser, facultando-lhe harmonia íntima e perfeito intercâmbio de vibrações e hormônios a benefício da existência.

Sexo sem amor, porém, representa regressão da inteligência às formas primeiras do desejo infrene, com o comprometimento das aspirações elevadas em detrimento de si mesmo e dos outros.

Por essa razão, vige em todos os departamentos do Cosmo a mensagem do amor.

⚜

Nem sempre, porém, se encontrará no ser amado a recíproca. Importa, o que é essencial, amar, sem solicitação.

(Convites da vida – 10ª edição – cap. 2)

Pergunta 58: O sexo é uma necessidade natural. Quando ele passa a ser abuso, é prejudicial ao homem?

Resp.: Entre as necessidade sexuais normais, perfeitamente controláveis, e as ingentes exigências do condicionamento a que o indivíduo se permite por educação, por sociabilidade, por desvirtuamento, há a fuga espetacular para os prazeres da função descabida do aparelho genésico, de cujo abuso só mais tarde aparecem as consequências físicas, emocionais e psíquicas, em quadros de grave comprometimento moral.

Em todos os tempos, o desregramento sexual dos homens tem sido responsável por crises sérias no estatuto das nações. Guerras cruéis, que assolaram povos, arbitrariedades cometidas em larga escala, em toda parte, absurdos do poder exorbitante, perseguições inomináveis, contínuas, tragédias bem urdidas, crimes nefandos têm recebido os ingredientes básicos das distonias decorrentes do sexo em desalinho, eito de maldições e poste de suplícios intérminos para quantos se lhe tornam áulicos subservientes.

⚜

Continência, portanto, enquanto as forças do equilíbrio íntimo se fazem condutoras da marcha orgânica.

Dieta salutar, enquanto o matrimônio não se encarrega de propiciar a harmonia indispensável para a jornada afetiva.

(Convites da vida – 10ª edição – cap. 8)

Pergunta 59: Sabemos que os Espíritos não possuem sexo, como na Terra. Para que, então, reencarnamos ora num como noutro sexo?

Resp.: Não possuindo sexo, conforme os padrões da morfologia humana, os Espíritos se reencarnam ora num como noutro tipo de comportamento, masculino ou feminino, adquirindo experiências que dizem respeito, especificamente, a um ou a outro gênero de vida.

⚜

As aquisições num como noutro sexo dão ao Espírito conhecimentos completos das vivências numa como em outra forma, preparando-o para libertar-se das complexidades decorrentes da sua morfologia terrena, já que o amor nas Esferas elevadas se expressa diferentemente, mais pelas afinidades afetivas, identidade de gostos, companheirismo e ideais santificados, do que pelos arrazoados das sensações e emoções que acompanham o sexo durante as manifestações carnais.

(No limiar do infinito – 6ª edição – cap. 9)

Pergunta 60: O sexo ainda não recebeu, por parte dos estudiosos do assunto, a necessária atenção. Como orientar alguém com problemas nessa área em suas variadas manifestações?

Resp.: Incontestavelmente, o sexo exerce profunda influência na vida física, emocional e espiritual das criaturas.

Santuário da procriação, fonte de nobres emulações e instrumento de renovação pela permuta de estímulos hormonais, a sexualidade tem sofrido a agressão apocalíptica dos momentos transitórios da regeneração espiritual que se opera no planeta.

⚜

Transexualidade ou homossexualidade, heterossexualidade, bissexualidade e assexualidade que se exteriorizam no campo da forma ou nas sutis engrenagens da psique têm suas nascentes e funções nas tecelagens do Espírito.

As expressões em que hoje a sexualidade se manifesta e recebe o ridículo ou a chacota, o aval, a imitação da sociedade, examinadas pelo lado espiritual, merecerão de futuro justo tratamento por legisladores e psicólogos, médicos e psiquiatras, educadores e sociólogos que terão corrigida a feição do proble-

ma, ensejando mais amplo entendimento nobre da vida em todas as suas manifestações e finalidades.

Singularmente vinculada à anterioridade do Espírito, a problemática do sexo exige carinho e caridade, respeito e dignificação.

Organizado pela Divindade para sublimes misteres, não pode ser utilizado levianamente. Todo abuso impõe-lhe imposto de carência; qualquer desconsideração insculpe-lhe desordem e tormento...

⚜

Preserva tuas forças morais e mantém o teu equilíbrio.

⚜

Se te defrontas em campo de prova sob uma ou outra imposição psíquica ou física, espera o amanhã.

Não te apresses.

O problema não será resolvido de um golpe. Não devidamente cuidado, mais se agrava.

⚜

O problema do sexo é do Espírito, e somente do Espírito virá, para ele, a solução.

(Após a tempestade – 12ª edição – cap. 6)

Pergunta 61: Como orientar o médium que vive receoso, temendo o animismo em suas comunicações?

Resp.: Nem tudo que ocorre na esfera mental significa fenômeno mediúnico.

Se não deves recear em excesso o animismo, não convém descurar cuidados.

Sucessos e impressões na órbita da vida não representam, compulsoriamente, interferência de ordem espiritual.

Problemas intrincados da personalidade surgem como expressões mediúnicas a cada instante e se exteriorizam, produzindo lamentáveis desequilíbrios.

Distonias psíquicas exalam miasmas morbíficos que produzem imagens perturbadoras no campo mental e se externam em descontrole.

Estuda e estuda-te.

Evita a frivolidade e arma-te de siso, no mister relevante da mediunidade.

⚜

Ante os valores mediúnicos legítimos, convém não desconsiderares os expressivos recursos da mente encarnada. Percepções, emoções, sensações fixam-se inconscientemente e armazenam-se nos depósitos da memória, aguardando oportunidade.

⚜

Imperioso acautelar-te.

Prudência, em fenômenos mediúnicos, é medida salutar.

Revisa opiniões, conotações, exames e resguarda-te na discrição.

Mediunidade é patrimônio inestimável, faculdade delicada pela qual ocorrem fenômenos sutis, expressivos e vigorosos, e só procedem do Alto quando em clima de alta responsabilidade.

Nesse sentido, não descuides das ocorrências provindas de interferências anímicas, dos desejos fortemente acalentados, das impressões indefiníveis e desconexas que ressumam, engendrando comunicações inexatas.

Acalma a mente e harmoniza o "mundo interior".

(Celeiro de bênçãos – 9ª edição – cap. 6)

Pergunta 62: Embora se leiam obras mediúnicas com muita frequência, estuda-se muito pouco a Doutrina Espírita. Como organizar-se para o estudo?

Resp.: No que diz respeito à Doutrina Espírita, cabe-nos a todos o dever de mergulhar o pensamento nas fontes lustrais do conhecimento, a fim de melhor entendermos os quesitos preciosos da existência, simultaneamente, as leis preponderantes da Causalidade, de modo a podermos dirimir equívocos e dúvidas, colocando balizas demarcatórias no campo das conquistas pessoais, intransferíveis...

Um quarto de hora, diariamente, dedicado ao estudo.

Pequena página para reflexão, diuturnamente.

Um conceito espírita como glossário para cada dia.

Uma nótula retirada do contexto luminoso da Codificação para estruturar segurança em cada 24 horas.

Uma noite por semana o estudo espírita, no dia reservado ao Culto Evangélico do Lar, como currículo educativo.

Uma pausa para a prece e singelo texto para vigilância espiritual, sempre que possível...

Sim, todos podem realizar curso inadiável para promoção espiritual na escola terrestre.

O estudo do Espiritismo, portanto, hoje como sempre, é de imensurável significação.

⚜

Estudar sempre e incessantemente, a fim de amar com enobrecimento e liberdade.

(Celeiro de bênçãos – 9ª edição – cap. 8)

Pergunta 63: Através de quais mecanismos a obsessão instala-se entre as criaturas?

Resp.: Nem sempre a obsessão se instala de chofre. Quando tal ocorre, o processo de fixação tem procedência em larga faixa de tempo, conseguida imperceptivelmente.

Mentes comungam com mentes que se lhes assemelham.

Espíritos sintonizam com Espíritos que lhes são afins.

Pessoas sincronizam com pessoas com quem se comprazem.

Quando se cultiva azedume e se dá guarida a suspeitas, ocorrem colheitas de desespero como de infelicidade.

Justo recorrer-se à terapêutica preventiva, quanto possível, e, percebendo-se instaladas as matrizes obsessivas, mister desdobrarem-se sérios esforços, pois o problema urge na sua gravidade, exigindo procedimento de largo porte e imediata decisão.

Enfermidade perigosa, a obsessão gera desgovernos lastimáveis e dores lancinantes, difíceis de catalogados ou descritos...

As vidas passadas reaparecem na presente, em expressões várias, como através daqueles que deixaste na retaguarda, graças ao mau caráter que te era peculiar.

⚜

Conhecem-te como és e não como desejas ser. Por isso, não creem nos teus propósitos, senão quando os testificas por meio de honestas atitudes superiores a que te afervoras e cujos propósitos vitalizas.

⚜

Não dês guarida, desse modo, às impressões nefandas no recesso do teu Espírito.

Reage com todas as forças à maledicência, à inveja, ao ciúme, à ambição, às paixões, em suma, perturbadoras.

Policia a língua nos momentos infelizes, a fim de que não te arrependas tardiamente.

⚜

Não titubeies nem te permitas desaires.

(Celeiro de bênçãos – 9ª edição – cap. 50)

Pergunta 64: Há muita permissividade sexual nos dias atuais. Será que muitas dessas necessidades de sexo não são decorrentes de influências obsessivas?

Resp.: Diariamente, milhões de criaturas mal-informadas ou desavisadas, fascinadas pelas ilusões do prazer, arrojam-se a despenhadeiros da loucura, por frustrações e desassossegos sexuais. Sublime campo de experiências superiores, normalmente se converte em paul sombrio de miasmas asfixiantes e tóxicos nefastos.

⚜

Há mentes ociosas, na Erraticidade, atormentadas e sedentas, vitimadas por paixões que ainda não se aplacaram, que estão realizando incessante comércio obsessivo com os que se permitem, na Terra, as alucinações sexuais e os desavisos afetivos. Em conúbios terríveis atiram-se com virulência, explorando os centros genésicos dos encarnados e esfacelando neles a esperança e a alegria de viverem.

Sutilmente instilam os pensamentos depressivos ou açulam falsas necessidades, absorvendo, por processos mui complexos, as expressões do prazer fugidiço e instalando as matrizes de desequilíbrios irreversíveis.

Vigia a mente e controla o sexo.

Quando pensamentos inusitados te sombrearem os painéis mentais com ideias infelizes; quando afetos dúlcidos se transformarem, nos recessos do teu coração, em fornalha de desejos; quando a ternura com que envolves os a quem estimas ou amas se te apresentar ardente ou angustiante; quando passares a sofrer dolorosas constrições na organização genésica, tem cuidado! Certamente estarás sendo obsidiado por outros Espíritos, encarnados de mente vigorosa ou desencarnados infelizes, em trama contínua para te arrojarem nos despenhadeiros da alucinação. Levanta o pensamento a Jesus e a Ele te entrega em regime de total doação (...). Para tanto, ora e trabalha pelo bem comum, e o bem de todos te oferecerá o lenitivo e a força para a libertação a que aspiras.

(Florações evangélicas – 5ª edição – cap. 56)

Pergunta 65: Que tipo de pessoa está mais sujeito aos agentes obsessores?

Resp.: Desde que o agente obsessivo é persistente no plano negativo a que se afervora, ele muda de técnica toda vez que repudiado, mantendo rigoroso cerco em torno de quem lhe padece a influência, até dobrar a vontade resistente, caso esta não se fortaleça nos valores morais e espirituais que constituem defesa e vitalidade contra essa terrível chaga devastadora.

Mentes viciadas, com mais facilidade aceitam as sugestões morbíficas que lhes são insufladas dentro do campo em que melhor se expressam: desconfiança, ciúme, ódio, desvario sexual, dependência alcoólica ou toxicômana, gula, maledicência...

Temperamentos arredios, suspeitosos, são mais acessíveis em razão de melhor agasalharem as induções equivalentes, que se lhes associam em forma de perfeita sintonia.

Caracteres violentos, apaixonados, mais fortemente se fazem maleáveis em decorrência do Espírito rebelde que nesse corpo habita, dissimulando as chispas que lhes acendem as labaredas do incêndio interior a exteriorizar-se como fogaréus destruidores...

Personalidades ociosas são mais susceptíveis em razão da mente vazia *sempre acolher o que lhes apraz, deixando-se conduzir pela personalidade dos seus afins desencarnados.*

Desnecessário reafirmar que não apenas além da morte encontram-se os perturbadores, desde que a obsessão campeia, igualmente, entre os transeuntes do corpo, obedecendo ao mesmo processo de sintonia mental, por cultivo das mesmas paixões inferiores.

(Alerta – 7ª edição – cap. 7)

Pergunta 66: Quem é quem no processo obsessivo? Existe uma programação ou técnicas para a realização do mal?

Resp.: Em toda pugna obsessiva se encontram dois litigantes infelizes. O perseguido, sem os arrimos da elevação moral, sucumbe, inexoravelmente, sob a constrição da força obsidente, se não encontra a salvadora solução evangélica, enquanto o sandeu perseguidor, em cobrando o que atribui ser-lhe um encargo de justa dívida, mergulha nas mesmas densas faixas vibratórias em que se amesquinha e estertora.

⚜

Vinganças pessoais são patenteadas por temperamentos empedernidos no mal, que se resolveram retardar a marcha ascensional, a fim de promoverem a desdita dos seus adversários, apesar de também pagando o preço do sofrimento.

Obsessões realizadas por avançada técnica, com que os que se supõem dilapidados recorrem a mentes frias e hábeis do Mundo espiritual inferior, consumam terríveis processos de vampirização e subjugação sem alma, em que se comprazem por tempo indeterminado, até que a Lei de Amor interfira compulsoriamente a favor de ambos os consórcios da peleja perniciosa.

(No limiar do infinito – 6ª edição – cap. 17)

Pergunta 67: A quem cabe – ao encarnado ou ao desencarnado – maior responsabilidade nos processos obsessivos?

Resp.: As imperfeições morais do homem constituem-lhe, ao longo da existência física, o calvário através do qual se depura.

São elas que respondem pelas suas atuais aflições, porque procedem do passado, quando fracassou, e persistem por falta de valor e decisão do Espírito comprometido, que ainda não se resolveu por superá-las.

Graças à sua presença, que se constitui em brecha *larga,* penetram *os Espíritos infelizes que se afinam com o endividado e produzem os variados processos de obsessão.*

⚜

Toda a complexidade reside no fato de que os envolvidos na trama que ora os reúne outra vez são semelhantes moralmente, exigindo da vítima humana *um esforço que esta quase nunca se dispõe a realizar.*

A dificuldade se estabelece, na cura, em razão do denodo com que se deve aplicar o homem pela própria transformação moral, sem a qual o fenômeno obsessivo se alonga até as consequências mais lamentáveis.

(Responsabilidade – 1ª edição – cap. 4)

Pergunta 68: É difícil diagnosticar um caso de obsessão? Qual o melhor tratamento?

Resp.: A diagnose da obsessão é fácil. O seu tratamento é mais difícil.

Não somente se faz necessário esclarecer o perseguidor que se encontra semilouco, senão educar aquele que lhe sofre a pressão, a fim de que se rompam os vínculos que os imanam.

A prece sincera acalma a situação, no entanto, só a renovação íntima do paciente interrompe a constrição danosa.

A fluidoterapia afasta temporariamente o agente da perturbação, entretanto, somente a elevação moral do obsidiado equaciona o problema.

Há casos em que o hospedeiro mental da obsessão, pela gravidade do cometimento, não pode agir por vontade própria; apesar disso, aos primeiros sinais de melhora, resultante do auxílio que recebe, soa-lhe o momento de realizar a sua parte, que é sempre a mais importante.

Há obsessão porque existem contas a ajustar.

O cobrador, *que é infeliz, amargura o* devedor, *que se nega ao resgate do compromisso.*

(Responsabilidade – 1ª edição – cap. 4)

Pergunta 69: A Doutrina Espírita nos ensina que não existe fatalidade, porém, determinadas famílias padecem inúmeras desgraças, dando-nos a impressão de atrair tragédias. Qual a razão disso?

Resp.: (...) Vinculados por compromissos vigorosos para a própria evolução, os Espíritos reencarnam no mesmo grupo cromossomático, endividados entre si, para o necessário reajustamento, trazendo nos refolhos da memória espiritual as recorda-

ções traumáticas e as lembranças nefastas, deixando-se arrastar, invariavelmente, a complexos processos de obsessão recíproca, graças ao ódio mantido, às animosidades conservadas e nutridas com as altas contribuições da rebeldia e da violência.

Em razão disso, o desrespeito grassa, a revolta se instala, a indiferença insiste e a aversão assoma...

A família, em tais circunstâncias, transforma-se em palco de tragédias sucessivas, quando não se faz aduana de traições e desídias...

Estimulando os desajustes que se encontram inatos nos grupos da consanguinidade, a hodierna técnica da comunicação malsã tem conspirado poderosamente contra a paz do lar e a felicidade dos homens.

(Florações evangélicas – 5ª edição – cap. 3)

Pergunta 70: O que significa desencarnar?

Resp.: Fatalidade biológica, a morte, ou seja, a mudança de uma forma para outra, por impositivo da necessidade de transformações incessantes, começa quando ocorrem as primeiras expressões da vida.

No homem, por exemplo, em cada segundo, no seu aparelho circulatório, morre um milhão de hemácias que são aproveitadas por células especiais, no fígado, para a elaboração de outras, graças ao ferro que é delas extraído.

Segundo alguns biólogos, em cada sete anos, o corpo humano se renova quase integralmente, à exceção das células nervosas, graças ao processo de transformação ou morte que ocorre na estrutura somática.

Modificações incessantes em que a matéria assume a forma energética e esta se adensa em novas expressões físicas, a morte da aparência é uma constante indispensável à evolução.

Do resfriamento da energia que se condensa em matéria, da dissociação das moléculas para o retorno à energia, no homem, o perispírito, que é o modelador da forma, sofre na sua intimidade os diversos fenômenos de aglutinação e desagregação estrutural.

Morrer, portanto, ou desencarnar, significa, somente, mudar de estado.

(Florações evangélicas – 5ª edição – cap. 12)

Pergunta 71: Como acontece, na intimidade do ser, o processo da desencarnação?

Resp.: A desencarnação tem início de dentro para fora do corpo, nos tecidos sutis do perispírito, que, condicionados a vibrações especiais, encarregadas de manter a vitalidade fisiopsíquica, começam a perder a sintonia, por cuja exteriorização mantêm nas suas órbitas as moléculas constitutivas da matéria.

Mesmo nas ocorrências da desencarnação violenta, por circunstâncias de vária ordem, como também a morte fisiológica por interrupção da corrente mantenedora da vitalidade, o processo desencarnatório só a pouco e pouco se consuma, através da liberação dos liames psicossomáticos que se encontram imantados ao corpo.

Disso decorrem as sensações violentas, danosas, aflitivas que experimentam os desencarnados, ainda imantados à carne, que são, à violência, arrancados da estrutura material, sem o correspondente desligamento dos núcleos vitalizadores pelo processo paulatino da dissociação liberativa.

(Florações evangélicas – 5ª edição – cap. 13)

Pergunta 72: Embora a Doutrina Espírita seja libertadora, por que encontramos nas suas fileiras tantas criaturas ainda presas às suas próprias imperfeições?

Resp.: Antes supunhas que nos arraiais espiritistas a paz houvera feito morada... Pareciam-te resignados e felizes, lutadores intrépidos os novos discípulos do Evangelho. No entanto, observas como estão transidos de amargura, quando não rebelados, ante a dor, e interrogas: "Que fazem da fé clara e pura? Por que ferem, quando conhecem de perto as realidades das Leis de 'Causa e Efeito'? Como se deixam conduzir pelos obsessores?!...".

Sem dúvida, porque em se assenhoreando da fé, a fé sublimada deles não se assenhoreou. Ficaram apenas mimetizados, mas não penetrados. Apressados, não mergulharam realmente o Espírito nas lides do conhecimento da Doutrina libertadora.

Alguns se fazem notados, mas não conseguiram as íntimas e reais transformações para melhor. Projetaram-se, sem se renovar. E derrapam com facilidade nos mesmos equívocos, quando contrariados, sofridos ou simplesmente não considerados quanto se supõem merecedores...

São homens e preferem continuar a sê-lo, quando se poderiam tornar cristãos...

O Espiritismo é a doutrina do amor por excelência e tem a caridade por meio e meta. Eles sabem disto, mas apenas sabem. Não vivem a vida que dizem saber e crer, por estarem acostumados a outra conduta. Mudaram de conceito religioso, mas não de comportamento moral...

Não os estranhes nem os censures, para que não incidas nos erros deles.

(Florações evangélicas – 5ª edição – cap. 15)

Pergunta 73: Tem surgido no meio espírita, principalmente na imprensa escrita, certo tipo de crítica severa e muitas vezes sem fundamento acerca de tarefas e tarefeiros. Esses tipos de comentários nocivos são inspirados por Entidades desencarnadas? Quem são esses que assim agem, e como escapar das suas influências perniciosas?

Resp.: Pseudossábios, conforme os denominou o codificador do Espiritismo, quando se percebem suspeitos ante os que os ouvem, não se constrangem de utilizar nomes que exornaram personalidades históricas, sábios ou santos, para melhor enganarem os Espíritos invigilantes, embora encarnados, que se comprazem na ilusão, distantes da responsabilidade pessoal e intransferível da tarefa de renovação interior.

Falsos profetas da Erraticidade que são!

A desencarnação não os modificou.

Amantes da ficção e sócios da mentira, quando no corpo somático, prosseguem no engodo a que se permitiram arrastar, sintonizando com outras mentes ociosas do plano físico, a que se vinculam, dando prosseguimento aos programas infelizes que lhes aprazem.

⚜

Às vezes, investem contra grupos respeitáveis, testando a excelência moral dos componentes da atividade espírita em começo. Precipitados, todavia, logo desvelam os propósitos que os inspiram.

Também os há no plano físico.

Zelosos, passam como fiscais do labor alheio, preocupados em encontrar em tudo e em todos mistificações e mistificadores, com que traem o estado íntimo. Acreditam-se encarregados de guardar a Verdade e somente eles a possuem em mais altas expressões, descuidando, como é natural, do próprio comportamento, revelando, assim, nas atitudes apaixonadas e nas posições inamovíveis a que se fixam, a condição de Espíritos atormentados, companheiros atormentadores.

⚜

Preocupados em descobrir falhas e engodos, descuram a atividade nobre de ensinar corretamente, relegando, como deveriam, os irresponsáveis à Lei que deles se encarregará, fiscalizando-se com maior serenidade, a benefício da Causa ou das ideias que dizem defender.

Expressam uma classe especial de falsos profetas – são os novos zelotes.

⚜

Os que mentem, encarnados ou desencarnados, não desacreditam a verdade: iludem-se, perturbando-se, em decorrência das atitudes e conceitos cultivados.

Por essa razão, ama tu a atitude correta, ora e vigia, para que não sejas vítima daqueles Espíritos atormentados e enganadores do Além. Da mesma forma, não te faças acusador de ninguém, antes te impõe a tarefa de proceder com retidão, ensinar com segurança doutrinária e servir sempre, pois que o Senhor até hoje trabalha, sem a excessiva preocupação de eliminar do campo os maus trabalhadores aos quais concede Ele oportunidade e oportunidades, por não desejar que ovelha alguma que o Pai lhe confiou se perca, mas antes, seja salva.

(Florações evangélicas – 5ª edição – cap. 55)

Pergunta 74: Muitas pessoas não resistem ao sono durante as atividades espíritas. Qual o motivo de tanto sono e como vencê-lo?

Resp.: Na sua primeira Epístola à Igreja de Corinto, no capítulo onze, versículo trinta, o apóstolo Paulo informa: "(...) há entre vós muitos fracos e doentes, e muitos que dormem".

⚜

Todavia, em nos reportando aos que "dormem", sugerimos alguns comentários oportunos, considerando as lides em que nos encontramos empenhados, tendo em vista a nossa redenção espiritual.

⚜

Aproveita ao máximo os tesouros tempo e oportunidade, *valorizando o conhecimento pela sua bem dirigida aplicação.*

⚜

Procura viver com respeito pela vida, exercitando equilíbrio e sensatez.

⚜

Em verdade, na Terra, dorme-se em demasia.

Dorme-se por necessidade de refazimento orgânico, dorme-se por não se "ter o que fazer", dorme-se por dormir...

⚜

Outros dormem sob hipnose vigorosa de mentes *que intercambiam com suas mentes, impossibilitando-lhes o estudo, a atenção, o trabalho...*

Dormem no lar, dormem em reuniões de qualquer natureza, quando edificantes e úteis, dormem no transporte, dormem no trabalho... Hibernam-se pela compulsória obsessiva e, mesmo desencarnados, permanecem em estado de sono com os centros da consciência lesados.

⚜

Amolentados, deixam-se arrastar pela preguiça, e esta trabalha a indumentária que mata, por constrição, o corpo *de qualquer ideal em desenvolvimento e asfixia toda expressão de luta.*

⚜

Desperta para a vida.

Exercita mente e membros na ação.

Luta contra os vapores entorpecentes que te vencem a lucidez mental.

Atua, diligente, onde estejas. Em todo lugar há oportunidades para quem gosta de trabalhar.

⚜

Quando sentires, sem motivos procedentes e reais, moleza e avassaladora necessidade de repouso demorado, desperta e produze.

Não durmas senão o necessário.

Vigia e ora.

Jesus, no Horto, à hora do testemunho doloroso, mais de uma vez, encontrou-se a sós, apesar dos companheiros ao Seu lado... dormindo.

(Espírito e vida – 1ª edição comemorativa – cap. 8)

Pergunta 75: Muitos oradores usam a tribuna para invectivar contra as imperfeições das criaturas, de maneira rude e impiedosa. Como divulgar a mensagem consoladora, libertando e esclarecendo sem magoar ou ferir?

Resp.: Em nome da verdade, não apliques a palavra contundente sobre a fraqueza daqueles que caminham desequilibrados ao teu lado.

A pretexto de servir à causa do bem, não derrames espinhos pela senda onde segue teu próximo, tentando, dessa forma, ser coerente com as próprias convicções.

Falando em nome do ideal que esposas, evita a exposição petulante dos conhecimentos que um dia te conferiram; apresenta-os aos ouvintes com a simplicidade que agrada e sem a pretensão de emitires o último conceito.

⚜

Nas observações que fazes, não te esqueças de que nem todos os seres se encontram preparados para ouvir-te as repreensões, mesmo quando coroadas das melhores intenções.

Procurando ajudar, não te detenhas apenas na descoberta da ferida; utiliza-se do singelo chumaço do algodão e cobre a enfermidade com medicação balsâmica.

Não te esqueças de que a verdade, semelhante à moral, penetra, lentamente, acendendo luzes na escuridão e vencendo trevas sem precipitação em gritos, generalizando-se, poderosa.

Muitas vezes se serve melhor à verdade calando a palavra ofensiva e constringente que jamais edifica.

Saber e silenciar, receber e guardar, ouvir e reter são manifestações que contribuem mais para a campanha de esclarecimento do que expor a verdade, aos gritos, junto às almas que não se encontram preparadas para a renovação.

(Espírito e vida – 1ª edição comemorativa – cap. 18)

Pergunta 76: Às vezes, vemos companheiros na Seara Espírita que, embora possuidores de conhecimentos, têm receio de divulgar a Doutrina através das exposições. Como orientar essas pessoas?

Resp.: Sem a pretensão jactanciosa de tudo saberes ou tudo explicares, possuis, no entanto, conhecimentos que hauriste na Doutrina Espírita, mediante os quais podes esclarecer:

Que Deus é justo, conforme constatas na superior "Lei da reencarnação", da qual infrator algum conseguirá eximir-se, exceto quando liberado pelos próprios feitos.

Que o triunfo da Imortalidade sobre a transitória putrescibilidade da vida física é indubitável, graças aos eloquentes testemunhos da vitória da vida sobre a morte, de que dão substanciais e incontroversas provas os Espíritos redivivos.

Que pululam os departamentos da "Casa do Pai", no Universo, de que a atual ciência astronômica já pressupõe a realidade, não obstante essas vidas escapem aos bitolados talões da humana conceituação.

Que só o Amor é eterno e real, desde que as expressões que dimanam do instinto revelam a primitividade da vida espiritual do homem, que, no entanto, a pouco e pouco ascende e, em se acrisolando no sofrimento, se depura e redime.

Que através da Caridade o ser atinge a finalidade máxima para a qual se dirige, apesar do trânsito nas sendas ásperas do egoísmo em que, por enquanto, se estertora e luta.

(...) Que o progresso é impositivo da evolução e que, agora ou mais tarde, suplantará as vigentes demandas responsáveis pelo atraso moral do homem e da Terra.

(...) Que a dor é a desprezada quão necessária terapêutica para a aquisição da felicidade.

⚜

Desse modo, prossegue, esclarecido, servindo, e esclarece a serviço do bem, de cuja fonte provéns e para cujo seio avanças.

(Oferenda – 6ª edição – cap. 24)

Pergunta 77: Que orientação podemos ministrar às pessoas que possuem o hábito da conversação doentia e infeliz?

Resp.: Por onde passa, a conversação infeliz gera a hipocrisia, desenvolvendo uma atmosfera antifraterna em que assenta suas afirmações.

A má palestra nada poupa. Facilmente se dissolve em ácido calunioso ou brasa acusadora; atinge corações honestos e enlameia famílias enobrecidas pelo trabalho; deslustra uma existência honrada com uma frase, atirando ignomínia e desdouro; estimula a mentira, que se transforma em injúria, fomentando crime e loucura.

Nutrida pela ociosidade, a conversação insidiosa é mãe da corrupção moral.

⚜

Surge aparentemente inofensiva numa frase pérfida para alastrar-se virulenta numa colheita de fel.

⚜

É imprescindível fiscalizar-lhe as nascentes.

O cristão não lhe pode ser complacente. Rigoroso no respeito aos ausentes, deve vigiar as entradas da mente e as "saídas do coração".

⚜

Fiscaliza, atento, cada dia, as informações que te chegam ao coração. Se te conduzem vinagre sobre a honra alheia e apresentam as feridas dos outros à tua observação, procura os recursos da oração e da piedade, e sempre disporás de bens para não caíres no fascínio negativo das sugestões do mal, renovando todas as expressões com a mente em Jesus.

O apóstolo Paulo, advertindo aos coríntios, prescrevia na primeira carta aos companheiros de ministério, conforme se lê no capítulo 15, versículo 33: "Não vos enganeis: as más palavras corrompem os bons costumes".

(Espírito e vida – 1ª edição comemorativa – cap. 20)

Pergunta 78: Algumas pessoas desejam ser médiuns, porque acreditam que os médiuns são abençoados pelos guias e mentores e estão em constante sintonia com as paragens felizes do Mundo espiritual. Como esclarecê-las acerca da mediunidade?

Resp.: Mediunidade não é apenas campo experimental com laboratório de fórmulas mágicas. É solo de serviço edificante, tendo por base de trabalho o sacrifício e a renúncia pessoal.

Médiuns prodígios sempre os houve na Humanidade. Também passaram inúteis como aves de bela plumagem que o tempo destruiu e desconsiderou.

Com o Espiritismo, que fez renascer o Cristianismo puro, somos informados da mediunidade-serviço santificante e com essa bênção descobrimos a honra de ajudar.

Não te empolgues apenas com as notícias dos Mundos felizes.

Há muita dor em volta de ti, e, até atingires as Esferas sublimes, há muito que fazer.

Almas doentes, em ambos os planos, enxameiam em volta da mediunidade.

Dedicando-te à seara mediúnica, não esqueças de que todos os começos são difíceis e de que a visão colorida e bela somente surge, em toda a sua grandeza, aos olhos que se acostumaram às paisagens aflitivas onde o sofrimento fez morada...

Para que os mentores espirituais possam utilizar-te mais firmemente, faz-se necessário conhecer tua capacidade de serviço em favor dos semelhantes.

Antes de pretenderes ser instrumento dos desencarnados, acostuma-te a ser portador da luz clara da esperança onde estejas, e com quem estejas, para que ela, em se apagando no teu archote, não se faça "sombra na sombra".

(Espírito e vida – 1ª edição comemorativa – cap. 16)

Pergunta 79: Quais impositivos devemos cultivar para o bom exercício da mediunidade?

Resp.: O exercício da mediunidade impõe disciplina, equilíbrio, perseverança e sintonia.

A disciplina, moral e mental, criará hábitos salutares que atrairão os Espíritos superiores interessados no intercâmbio entre as duas esferas da Vida, facilitando o ministério.

O equilíbrio, no comedimento das atitudes, durante a absorção dos fluidos e posterior comunhão psíquica com os desencarnados, auxiliará de forma eficaz na filtragem do pensamento e na sua exteriorização.

A perseverança no labor produzirá um clima de harmonia no próprio médium, que se credenciará ao serviço do bem junto aos obreiros da Vida Mais-alta, objetivando os resultados felizes.

A sintonia decorrerá dos elementos referidos, porque se constitui do perfeito entrosamento entre o agente e o percipiente na tarefa relevante.

(Oferenda – 6ª edição – cap. 52)

Pergunta 80: Quais as horas que devemos dedicar à mediunidade?

Resp.: Doa as tuas horas disponíveis ao exercício da mediunidade nobre: fala, escreve, ensina, aplica passes, magnetiza a água pura, ora em favor do teu próximo, intervém com bondade e otimismo nas paisagens enfermas de quem te busca, ajuda, evangeliza os Espíritos em perturbação, sobretudo, vive a lição do bem, arrimado à caridade, pois médium sem caridade pode ser comparado a cadáver de boa aparência, no entanto, a caminho da degeneração.

(Oferenda – 6ª edição – cap. 52)

Pergunta 81: Como esclarecer alguém que deseja iniciar-se no campo da mediunidade?

Resp.: A mediunidade, como qualquer outra faculdade, exige exercício, treinamento e dedicação.

⚜

O fator moral é, igualmente, de relevante importância, pelos efeitos que dele resultam.

⚜

O conhecimento da faculdade mediúnica proporcionará ao homem melhor comportamento a fim de produzir com eficiência e tranquilidade.

Se desejas cooperar com os benfeitores da Humanidade no campo das responsabilidades mediúnicas, tem tento e entrega-te a Deus, resguardando-te na oração, no estudo e na ação da caridade.

Não te apresses em apurar as tuas faculdades medianímicas.

Aprimora-te, primeiro, nos valores morais, submetendo--te ao caldeamento das paixões inferiores de modo a superar-te.

Dedica-te ao serviço do bem e à caridade fraternal, aprendendo boa vontade e submissão.

Libera-te de caprichos e pequenezes do caráter, com que aprenderás cooperação e entendimento, tornando-te dúctil, maleável ao intercâmbio espiritual.

Propõe-te silêncio e meditação diante dos fatos e ocorrências lamentáveis, treinando discrição e humildade.

Busca manter a vida interior e resguarda-te de agredir, nem sequer por pensamento, favorecendo aos Espíritos um campo mental tranquilo.

Cultiva a paciência, submetendo a presunção, e assim te armarás de consciência moral para uma sintonia correta com os desencarnados, que os benfeitores espirituais, encarregados do teu programa mediúnico, estabelecerão para a tua tarefa de redenção.

(Alerta – 7ª edição – cap. 30)

Pergunta 82: Virou *modismo* entre os espíritas descobrir o que foram em reencarnações passadas, e quase sempre foram – dizem – nobres, reis ou pessoas notáveis. Deve-se dar crédito a isso?

Resp.: Generaliza-se entre os cultores menos avisados do Reencarnacionismo a falsa crença de que, em vidas pretéritas, envergaram roupagens com que se destacavam em primeira plana, no mentiroso mundo do poder e da fama.

Muitos dizem recordar os atavios de velhas cortes onde eram amados e requestados, e procuram manter gestos e hábitos que seriam remanescentes de tais existências...

Reis e rainhas, príncipes e princesas, nobres e membros de velhas linhagens podem, facilmente, ser encontrados entre eles...

Comandantes de exércitos e conquistadores de povos, artistas e gênios são apontados por Espíritos insensatos ou obsidiados como se fossem eles mesmos, constrangidos ao obscurantismo da atualidade.

Foram informados – dizem –, tiveram revelações.

⚜

Dão a impressão de que aos Espíritos que vestiram os trajos da opulência, nos quais invariavelmente fracassaram, os instrutores do Mundo maior conferem de pronto o renascimento.

⚜

Mui diversa, no entanto, é a realidade.

Aqueles que dominavam, soberanos, sob o peso de responsabilidades que não souberam ou não quiseram honrar, chegaram todos ao Mundo maior em lamentáveis estados conscienciais.

⚜

Renasceram e renascem, ainda, em enxergas de miséria física e moral, disfarçados para escaparem à sanha dos perseguidores.

Soberanos vaidosos e cruéis acordam no corpo carnal estigmatizados pelo micro, macro ou hidrocefalia, recordando as velhas e pesadas coroas...

Triunfadores e generais despertam nas trincheiras da loucura ou nas cidadelas da idiotia...

Viajantes das altas linhagens recomeçam cobertos de pústulas, vencidos pelas diversas manifestações da sífilis, da lepra, do câncer...

Negociantes regalados e administradores eminentes ressurgem, após os funestos fracassos, nas amarras da paralisia.

Artistas e religiosos de relevo, intelectuais e estudiosos prevaricadores reaparecem consumidos pela insânia, com desordens psíquicas irreversíveis...

Campeões da beleza física ocultam-se em deformidades orgânicas e mentais quais esconderijos-fortaleza onde buscam o esquecimento, torturados, quase sempre, pelo sexo, em invencível descontrole...

⚜

Ora por eles e apieda-te. São lições vivas, falando a linguagem poderosa da Lei.

Reiniciam em pranto o caminho que perderam com orgias.

Retemperam, na forja da soledade e do abandono aparente, o Espírito, para aprenderem a valorização do tempo e da oportunidade.

⚜

Não te preocupes em teres estado na História...

Se desejas informações, indaga ao presente, e o hoje responderá para onde deves seguir e como deves seguir.

(Espírito e vida – 1ª edição comemorativa – cap. 27)

Pergunta 83: Dizem que uma reunião mediúnica é um pronto-socorro espiritual. A que poderíamos comparar as reuniões de desobsessão?

Resp.: Considerando as nobres sessões de socorro mediúnico aos desencarnados em sofrimento, hoje realizadas pelos *adeptos da Doutrina Cristã, recorramos ao ensino de Jesus, na excelente parábola.*(*)

O recinto das experiências medianímicas pode ser comparado à hospedagem acolhedora e gentil; o homem caído na orla do caminho, consideremo-lo o Espírito tombado nos próprios enganos; o médium doutrinador, assemelhemo-lo ao encarregado da estalagem; os médiuns recalcitrantes, examinemo-los como o doutor indiferente e o levita sem piedade; o médium obediente ao mandato do serviço socorrista, tenhamo-lo como o bom samaritano, e a via entre Jerusalém e Jericó convencionemos a estrada dos deveres fraternos por onde todos transitamos. Ainda poderíamos considerar o bálsamo e o unguento postos nas feridas do assaltado, como as orações do círculo de corações devotados à tarefa mediúnica; as moedas pagas ao hospedeiro, simbolizemo-las como as renúncias e dificuldades, lutas e testemunhos solicitados aos membros da reunião, e o doutor da lei, zombeteiro e frio, representemos como os companheiros conhecedores da Vida imortal, notificados das surpresas além do túmulo, indiferentes, entretanto, às tarefas sacrificiais do auxílio fraterno.

Se abrasado pela Mensagem Espírita, militas na mediunidade, em quaisquer das suas múltiplas manifestações, ou fazes parte de algum círculo de socorro espiritual, unge-te de bondade e dá a tua quota de esforço aos falidos na via da Imortalidade.

Não lhes sindiques quem são, donde vêm, para onde vão, por que caíram...

Não lhes imponhas verbosidades estrondosas, nem debatas, apaixonado, convicções...

Fala-lhes do novo amanhã e medica-os agora, socorrendo-os com bondade e abnegação.

(*) A autora espiritual refere-se à Parábola do Bom Samaritano (nota do organizador).

Sê, em qualquer função que desempenhares na tarefa espírita de assistência mediúnica, o "bom samaritano", considerando todo e qualquer Espírito que chegue ao núcleo de trabalho, não como o adversário de ontem, o obsessor de hoje ou o sempre inimigo, mas como o teu próximo a quem deves ajudar, assim como Jesus, redivivo na Mensagem Espírita, continua ajudando-te carinhoso e anônimo.

(Espírito e vida – 1ª edição comemorativa – cap. 32)

Pergunta 84: Os médiuns, na sua generalidade, acreditam-se missionários apenas pelo fato de serem médiuns. Como devemos considerar a mediunidade?

Resp.: Considera a mediunidade como meio de sublimação. Raros, somente raros médiuns trazem o superior mandato consigo. A quase totalidade, no entanto...

O médium falante, cuja boca se enriquece de expressões sublimes, muitas vezes é um coração sensível ligado a compromissos e erros dos quais não se pode libertar; o médium escrevente, por cujas mãos escorrem os pensamentos divinos, compondo páginas consoladoras, quase sempre caminha sob sombras de angústias interiores, sem forças para colocar a luz viva do Mestre na mente turbilhonada; o médium curador, que distende os recursos magnéticos da paz e da saúde e que parece feliz na sua posição socorrista, é, invariavelmente, alma em perigo, entre as injunções de adversários impiedosos do Mundo Espiritual, que lhe sitiam a casa íntima, apedrejando-o com sofrimentos de todo jaez; o médium que enxerga, por meio de percepção especial e que surge como abençoado donatário da mediunidade superior, na maioria das vezes tem os olhos perturbados por visões cruéis, que retratam os seus dramas íntimos, fugindo de si mesmo, sem forças para continuar;

o médium que reflete o pensamento social em acórdãos, nos tribunais da justiça terrena, ignorando a sua posição de medianeiro entre as forças do bem e o mundo dos homens, pode ser um pobre obsidiado pelas mentes vigorosas e vingadoras da Erraticidade inferior...

Apiada-te de quantos passam, oferece o coração, doa a tua prece e agradece a Jesus, o Médium Excelso, a preciosa lição que hoje te clareia os passos, ajudando-te a vencer os tormentos que impedem o avanço, recordando que "o bom Pastor dá a sua vida pelas ovelhas".

(Dimensões da Verdade – 1ª edição comemorativa – cap. 4)

Pergunta 85: Como entender a afirmativa: "Somos todos médiuns"?

Resp.: A mediunidade, extraídas as superstições dos vãos e retiradas as informações do sincretismo religioso negativo, é faculdade paranormal com que te provê a Divindade para a conquista de inexcedíveis valores.

Não tergiverses quanto a aprimorá-la.

Medita:

Os pais são médiuns da vida.

O operário é o médium da obra que executa.

O oleiro é médium da forma.

O agricultor é médium da abundância do solo.

O escriba é médium das letras.

O orador edificante é médium das alocuções formosas...

Mediunidade espírita, porém, é a que faculta o intercâmbio consciente, responsável, entre o mundo físico e o espiritual, facultando a sublimação das provas pela superação da dor e pela renúncia às paixões, ao mesmo tempo abrindo à criatura os horizontes luminosos para a libertação total, mediante o serviço aos companheiros do caminho humano, gerando amor com os instrumentos da caridade redentora de que ninguém pode prescindir.

(Oferenda – 6ª edição – cap. 35)

Pergunta 86: O que é um médium seguro?

Resp.: O médium seguro, conforme Allan Kardec denominou o bom médium, revela-se através das atitudes sensatas de cidadão que é, convidado à convivência social. O seu equilíbrio no comportamento, nas diversas situações em que se vê envolvido, fala do seu estado íntimo, da qualidade dos seus pendores, consequentemente das companhias espirituais que lhe são afins.

Comedido, faz-se discreto; digno, torna-se credor de confiança; jovial, esparze alegria sem a necessidade do anedotário chulo; responsável, evita a carranca, que nada acrescenta aos valores internos de que é portador; paciente, sabe que os acontecimentos hoje não sucedidos se realizarão no momento próprio; humilde, exterioriza-se conforme é, sem as aparências que lhe realcem a virtude, que se compraz quando ignorada; generoso, não alardeia as manifestações da bondade natural; amigo, dispensa os encômios e as bajulações de maneira espontânea.

(No limiar do infinito – 6ª edição – cap. 10)

Pergunta 87: A faculdade mediúnica é concedida aos médiuns por mérito?

Resp.: Reveste as tuas faculdades mediúnicas com as vibrações superiores da prece, alicerçando-as na sadia moral e usando-as a serviço da edificação de quantos sofrem.

Exercita-a com disciplina e estuda-lhe a metodologia com as luzes da Doutrina Espírita, compreendendo que ela te é concedida, não por merecimento de tua parte, que o não possuis, senão por misericórdia de acréscimo do amor de Nosso Pai, a fim de que o homem não se esqueça de que sempre, na vida, edificante e enobrecido deve ser o seu comportamento, fora ou mergulhado na carne.

(Luz Viva – 5ª edição – cap. 4)

Pergunta 88: Há muito equívoco quanto ao papel do Espiritismo, sendo ele, muitas vezes, confundido com a assistência social. O que dizer a respeito disso?

Resp.: O Espiritismo, como bem definiu Allan Kardec, "trata da origem, da natureza e do destino dos Espíritos..." convidando o homem para ser "hoje melhor do que ontem e amanhã melhor do que hoje"...

Assim sendo, é imperiosa a tarefa de estudá-lo, buscando conhecer as nascentes da vida, a jornada do princípio espiritual e trabalhando com segurança e valor a si mesmo para, renovado cada dia, apresentar o índice de melhoria moral e espiritual de cada hora.

O conhecimento da Doutrina Espírita colima na sua aplicação com a assistência social; no entanto, a recíproca não é verdadeira.

Espalhemos a Revelação Espírita e, iluminando os que esmagam e estrangulam corações estimulando a miséria, o desconforto, o abandono de grande parcela da Humanidade, estaremos salvando o amanhã, porquanto o homem generoso e esclarecido de agora não renascerá para ressarcir e recuperar nas palhas da pobreza e na enxerga da dor.

E guardemos a certeza de que, ao lado da assistência material que possamos doar, a assistência moral e espiritual deve ter primazia.

Alguns amigos menos esclarecidos falarão sobre sectarismo; outros, pouco afervorados à convicção espiritista, informarão que o auxílio não deve ser trocado pelo impositivo do ensino...

Não lhes dês ouvidos.

Derrama no gral da generosidade que te enobrece o perfume da fé renovadora que te liberta e dá a libar, a quantos te buscam, esse incomparável elixir...

Quando te encontrares com a moderna metodologia da assistência social, nunca te esqueças de, depois dela, converteres o coração junto ao sofredor, em dois braços abertos à semelhança de Jesus, guardando a postura de quem deseja, no próprio seio, agasalhar a dor.

(Dimensões da Verdade – 1ª edição comemorativa – cap. 14)

Pergunta 89: Por que não nos recordamos dos acontecimentos de nossas vidas anteriores?

Resp.: As vidas anteriores ressurgem na existência presente do ser em forma de tendências e aptidões, experiências e dificuldades que caracterizam as conquistas e falhas de cada qual.

Manifestam-se como saúde ou doença, lucidez mental ou retardamento, disposição ou reação para o trabalho, alegria ou amargura ante a vida em si mesma.

Expressam-se como simpatias e animosidades, afeições e desafetos, confiança e instabilidade emocional na relação entre as criaturas.

Sob o véu da ignorância das causas é, para muitos, bem difícil superar situações e pessoas desagradáveis, conviver em clima de tolerância e agir com serenidade em determinadas circunstâncias, que a sua recordação produziria estupor e acenderia revolta, desencadeando processos cruéis de revide e dor.

É providencial o esquecimento das existências passadas, enquanto se está no corpo físico.

Mesmo após a desencarnação, o Espírito não se adentra no conhecimento do pretérito, sem que ao longo do tempo adquira estrutura moral e evangélica, para bem entender as próprias como as refregas alheias em que se envolveu ou desencadeou, com as condições exigíveis para amar e desculpar.

No escafandro físico, a limitação dos cinco sentidos dá-lhe tempo de apurar a sensibilidade e burilar as arestas, facultando-lhe frestas por onde percebe a Luz e antevê a felicidade.

Treina paciência e disciplina as tendências más, adquirindo experiências para tentames e voos mais expressivos nos ideais que vitaliza.

(Otimismo – 12ª edição – cap. 15)

Pergunta 90: Se o esquecimento do passado é uma dádiva, como esclarecer as pessoas que buscam na regressão a vidas passadas a solução para os seus problemas atuais?

Resp.: É providencial o esquecimento do passado, das reencarnações anteriores. Graças a ele, as dificuldades que ressumam do inconsciente profundo, em forma de animosidade e antipatia, de ressentimento e insegurança, tornam-se mais fáceis de ser vencidas, administradas na leitura da renovação interior. Tivéssemos conhecimento lúcido das razões que as desencadearam no pretérito; soubéssemos com clareza das ocorrências que as geraram; recordássemos dos momentos em que sucederam e das circunstâncias em que se deram, e se constituiriam verdadeiros impedimentos para a pacificação, para o equilíbrio emocional, para o perdão.

Ademais, a recordação das cenas antes vividas, não ficaria adstrita apenas à personagem central interessada, mas também as outras pessoas que dela participaram, gerando situações amplas e de complexos conflitos.

Ninguém se sentiria em segurança, sabendo que seus equívocos e erros de ontem eram agora recordados por outras pessoas. Tal fenômeno produziria estados humilhantes para alguns ou, quando menos, profundamente desagradáveis para todos que se encontrassem neles incursos.

Assim considerando, vale a pena ter-se em mente que a soma das experiências anteriores, perturbadoras, com as atuais produziria tão pesada carga emocional, que a harmonia mental se desconcertaria, interferindo no conjunto social, que ficaria gravemente afetado.

O esquecimento, portanto, do passado espiritual, é providencial para o ser no seu processo de crescimento.

⚜

Não obstante, à medida que o Espírito progride, torna-se-lhe mais lúcida a percepção, e ele recorda ocorrências que podem contribuir para o seu progresso, ou conclui, mediante análise dos fatos atuais que lhe oferecem parâmetros para identificar os do passado.

(Desperte e seja feliz – 12ª edição – cap. 19)

Pergunta 91: Objetivamente, por que passamos por momentos de aflição e prova em nossas vidas?

Resp.: Momentos de aflição e prova surgem pelo caminho, inesperados, concitando à disciplina espiritual indispensável ao processo evolutivo do ser.

⚜

Enquanto domiciliado no corpo, Espírito algum se encontra em segurança, vitorioso, isento de experiências difíceis, de possíveis insucessos.

Os momentos de prova e aflição constituem recursos de aferição dos valores morais de cada um, mediante os quais o homem deve adquirir mais valiosas expressões iluminativas como suportes para futuros investimentos evolutivos.

Por isso, todos somos atingidos por tais métodos de purificação.

(Oferenda – 6ª edição – cap. 11)

Pergunta 92: O que fazer diante da perda, pela morte, de algum ente querido?

Resp.: A mais pungente dor moral, pertinaz e profunda, é a que decorre da separação imposta pela morte física.

⚜

Não te rebeles ante as conjunturas da morte, que te separou, momentaneamente, do ser a quem amas.

Não será definitiva tal circunstância.

Tem paciência e espera, preparando-te para o reencontro que logo mais se dará.

Os teus afetos te aguardam, esperançosos. Não os decepciones com a revolta ou com o desespero injustificado.

Eles vivem, como tu também viverás.

Anteciparam-te na viagem, mas não se apartaram, realmente, de ti.

Não os vês, mas estão ao teu lado...

Se os amas, estão contigo, se os detestas, vinculam-se a ti.

Não os fixes às memórias inditosas, aos impositivos da paixão, às condições da tua dor.

Luariza a saudade, mediante a certeza de reencontrá-los.

(Oferenda – 6ª edição – cap. 20)

Pergunta 93: Quais as finalidades da reencarnação?

Resp.: Todos reencarnam para progredir, ressarcir delitos, libertar-se das paixões inferiores. Estão programados para a felicidade...

Estagiar no comodismo ou avançar com decisão; permanecer no desvio ou retornar ao caminho; insistir na desídia ou removê-la de si mesmo; estacionar no trabalho ou crescer com decisão, é compromisso pessoal, que cada qual deve atender.

Realiza o teu mister com alegria, por mais inexpressivo que pareça.

(Alerta – 7ª edição – cap. 37)

Pergunta 94: Existe uma corrente de espiritistas que acredita ser a reencarnação uma queda – portanto, uma punição – na marcha evolutiva do ser. O que devemos entender como reencarnação?

Resp.: A reencarnação é instrumento do progresso do ser espiritual. Ora ele expia, quando são graves os seus delitos, submetendo-se às aflições que constituem disciplinas educativas, mediante as quais se fixam nos painéis profundos da consciência os deveres a cumprir. Noutras vezes, são provações que enrijecem as fibras morais responsáveis pela ação dignificadora.

Longe de ser uma punição, a dádiva do renascimento corporal é bênção do Amor, auxiliando o espírito a desenvolver os recursos que lhe jazem latentes, qual terra arroteada e adubada em condições de transformar a semente diminuta no vegetal exuberante que nela dorme...

Diante dessa realidade, amplia a tua consciência pela meditação e age com segurança ética, entregando-te ao compromisso de iluminação desde agora.

(Momentos de saúde e consciência – 3ª edição – cap. 10)

Pergunta 95: É muito comum dizer-se que nascemos na família que merecemos. Será isso verdade?

Resp.: Todos nascem ou renascem nos núcleos familiares e sociais de que necessitam para aprimorar-se, e não conforme se assevera tradicionalmente: que merecem.

As cargas de genes e cromossomas, as condições psicossociais e econômicas formam o quadro dos processos de burilamento moral-espiritual, resultantes da reencarnação caldeadora dos dispositivos individuais para a evolução.

Tal razão prepondera na elucidação das diferenças psicológicas dos indivíduos, mesmo entre os gêmeos uniovulados, defluentes das conquistas anteriores.

(O ser consciente – 18ª edição – cap. 1)

Pergunta 96: Toda reencarnação obedece aos impositivos programados pelos Espíritos superiores?

Resp.: As reencarnações comuns, sem destaques missionários, invariavelmente são programadas pelos automatismos das leis, que levam em conta diversos fatores que respondem pelas afinidades ou desajustes entre os seres, assim como pelas realizações ético-morais, unindo-os ou não, de forma a darem cumprimento aos imperativos responsáveis pela evolução individual ou dos grupos humanos. Em outras circunstâncias, são planejadas por técnicos no mister, que aproximam as criaturas, formando os clãs, nem sempre, porém, levando em consideração a afetividade existente entre eles, mas, também, situando-os próximos, na mesma consanguinidade, a fim de serem limadas as arestas, corrigidas as imperfeições morais, desenvolvidos os processos de resgates, próprios dos estágios em que permanecem.

(Autodescobrimento: uma busca interior – 19ª edição – cap. 2)

Pergunta 97: Como mensurar, com exemplo, em relação ao homem, ou à Terra, a grandeza da Via Láctea – a nossa galáxia?

Resp.: Hoje, graças aos telescópios de avançada tecnologia e aos observatórios de Radioastronomia, sabe-se que em nossa Via Láctea existem mais de 100 bilhões de estrelas, e no Universo, cerca de 10 bilhões de galáxias, ora classificadas em três tipos distintos: espirais, elípticas e irregulares.

⚜

Eminente astrônomo inglês, Sir James Jeans, desejando configurar, para a imaginação do homem comum, a grandeza da nossa Via Láctea, explica que se tome de uma só hemácia e coloque-a em determinado ponto – a hemácia mede 7 micra (cada mícron representa a milésima parte do milímetro). O Sol poderia ser configurado como essa hemácia. A órbita que a Terra realiza, gravitando em torno dessa hemácia, poderia ter a dimensão da cabeça de um alfinete. A dos astros, em volta do Sol, como a de uma moeda de vinte centavos. No entanto, a Via

Láctea mediria a distância que vai do extremo norte da América do Norte ao extremo sul da América do Sul. O nosso Sistema Solar corresponderia, então, ao tamanho dessa pequenina moeda colocada em qualquer parte desse espaço...

(No limiar do infinito – 6ª edição – cap. 2)

Pergunta 98: Existem experiências reencarnatórias que obedecem ao impositivo do determinismo? Como fica o chamado "livre-arbítrio"?

Resp.: Para as conquistas do Espírito, em cada experiência reencarnatória, são-lhe previstas, em razão das aquisições logradas num como noutro campo do bem ou do mal praticado, determinadas imposições purgadoras por que deverá passar, a fim de expungir os gravames inditosos que o infelicitaram. Nunca, porém, em caráter absoluto. O determinismo é flexível, com raras exceções, que sempre são examinadas, coordenadas e alteradas pelos responsáveis nos processos reencarnatórios dos que demandam à Terra em aprendizagem edificante, liberadora.

Nos mapas das experiências humanas, graças às mudanças de comportamento dos reencarnados, em decorrência do seu livre-arbítrio, são alterados com assídua frequência, sucessos e socorros, dores e problemas programados, abreviando-se ou concedendo-se moratória à vilegiatura daqueles que se situam num como noutro campo desta ou daquela necessidade...

⚜

Jamais olvidar que as leis que regem a vida são de amor, embora a base de justiça que se assenta na misericórdia de Nosso Pai Criador.

(No limiar do infinito – 6ª edição – cap. 5)

Pergunta 99: Algumas pessoas dizem que certas dores são cármicas, portanto, difícil é livrar-se delas. O carma é realmente inalterável ou não?

Resp.: O carma está sempre em processo de alteração, conforme o comportamento da criatura.

A desdita que se alonga, o cárcere moral que desarvora, a enfermidade rigorosa que alucina, a limitação que perturba, a solidão que asfixia, o desar que amargura podem alterar-se favoravelmente se aquele que os experimenta resolve mudar as atitudes, aprimorando-as e desdobrando-as em prol do bem geral, no que resulta em bem próprio.

Não existe nas soberanas Leis da Vida fatalidade para o mal.

O que ao ser acontece, é resultado do que ele fez de si mesmo e nunca do que Deus lhe faz, como apraz aos pessimistas, aos derrotistas e cômodos afirmar.

Refaze, pois, a tua vida, a todo momento, para melhor, mediante os teus atos saudáveis.

Constrói e elabora novos carmas, liberando-te dos penosos que te pesam na economia moral.

(Momentos de saúde e de consciência – 3ª edição – cap. 8)

Pergunta 100 : Onde o fenômeno surge com mais autenticidade? Na mediunidade consciente ou inconsciente?

Resp.: Mentes em vigorosas emissões, conscientes ou não, dardejam em todas as direções.

⚜

Na problemática da mediunidade, a questão de relevância não se prende à lucidez pela consciência ou ao sono pela inconsciência para o fenômeno ser autêntico; antes, à sintonia que resulta dos processos de vinculação mental do sensitivo com as ideias e interesses que melhor lhe aprouverem.

De pouca monta a celeuma como a desconfiança em torno das manifestações por psicofonia e por psicografia sob o controle consciente do médium.

A relevância está no comportamento moral deste, do que resultará o conteúdo da mensagem, porquanto, de acordo com as construções mentais e o clima psíquico de cada um, serão atraídos os Espíritos que se afinam por semelhança e necessidade emocional.

Sem dúvida, o escrúpulo deve sempre nortear o indivíduo em todos os labores a que se afervore. Todavia, convém não se desconsiderar que o excesso de cautela é tão pernicioso quanto a sua falta.

Não te escuses de produzir mediunicamente, porque se te assomem conflitos, quanto ao estágio na consciência em que, por enquanto, te encontras.

⚜

Em todo processo mediúnico intelectual ou físico sempre encontrarás algo que se exterioriza do instrumento. Nem poderia ser diferente.

Mediunidade, como o próprio nome diz, é meio. A finalidade é o progresso do medianeiro, como o daqueles que o cercam num como noutro plano da vida.

Consciente das responsabilidades, mantendo lucidez mental durante a ocorrência do fenômeno, não delinquirás.

⚜

Muito melhor para o trabalho na Seara do Bem o médium consciente, cujos deveres estão em pauta de equilíbrio, do que os inconscientes, cujo comportamento os assinala com irresponsabilidade e insensatez.

(Rumos libertadores – 5ª edição – cap. 43)

Pergunta 101: Quando surge um médium, portador de mediunidade ostensiva, seja de efeitos físicos, curas ou psicofonia, logo é guindado a um pedestal para receber seu quinhão de glória. É esse o roteiro do servidor de Jesus?

Resp.: Desde tempos imemoriais a competição vem oferecendo aos triunfadores a coroa de glória com que estes se destacam na comunidade.

⚜

Os estádios glorificam os seus heróis de um dia.
Glórias e triunfos em todo lugar.

⚜

Sucessos que, no entanto, não seguem além do túmulo.

O cristão não desfruta dos prêmios e das glórias imediatas. Servo do Cristo, no seu Modelo e Guia vê a mais alta expressão do serviço que lhe cabe realizar.

Se te candidatas à mediunidade, no serviço com Jesus, renuncia a quaisquer glórias ou aos enganosos florilégios da existência, porque jornadearás pela senda de espinhos, pés sangrando e mãos feridas, coração azorragado, sem ouvidos que escutem e entendam os teus apelos mudos...

Solidão e abandono, muitas vezes, para que o exercício do dever enfloresça o amor no teu coração em favor dos abandonados e solitários.

Apostolado de silêncio, culto do dever, autoconhecimento – eis o caminho da glória mediúnica, através de cuja senda encontrarás, no país da alma encarnada, os sentimentos puros que te oferecerão os filtros para o registro da Mensagem de Vida eterna, com que o Mestre Divino, de braços abertos, traduzirá aos teus ouvidos a glória da consciência reta...

(Espírito e vida – 1ª edição comemorativa – cap. 15)

Pergunta 102 : Algumas religiões condenam "falar com os mortos". O que aconteceria se não existisse a mediunidade?

Resp.: Não existisse a mediunidade, e inumeráveis problemas seriam insolucionáveis, permitindo que mais graves conjunturas conspirassem contra a criatura humana.

Sem ouvir-se, nem sentir-se a realidade espiritual de que os implementos mediúnicos se fazem instrumentos, certamente grassariam mais terríveis dramas e tormentosas situações injustificáveis.

A mediunidade, colocada a serviço do bem com Jesus, enxuga as lágrimas da saudade, diminui as dores, equaciona enfermidades complexas, dirime dúvidas, sustenta a fé, conduzindo à caridade luminosa e libertadora.

(Luz viva – 5ª edição – cap. 4)

CAPÍTULO III

TEMAS FILOSÓFICOS E MORAIS

Pergunta 103: Dizem com frequência que o dinheiro é o causador dos males na Terra. Como entender isso?

Resp.: Na Terra, as coisas têm o valor que lhes dás, e, entre outras, o dinheiro tem a primazia que lhe ofereces.

Com ele consegues o pão e através dele segues a aventura louca do poder ou o louco poder da aventura.

⚜

O dinheiro em si mesmo não é bênção nem maldição, mas objeto de permuta. Possuir ou não possuir dinheiro não é fator positivo ou negativo de felicidade. Acima da posse ou abaixo dela, está a posição de quem possui ou deixa de possuir.

⚜

O dinheiro não compra, em ocasião alguma, as migalhas sem preço que constituem a felicidade real: um sorriso de espontânea simpatia; o amor que nasce nas fontes do sentimento puro; a paz que se enflora na afeição legítima...

(Messe de amor – 9ª edição – cap. 15)

Pergunta 104: São inconciliáveis as tarefas no serviço do bem e a conduta de viver nas rotas do mundo?

Resp.: São incompatíveis, realmente, a fé espírita, que difunde o pensamento do Cristo, e a conduta profana, que vibra em nome de Mamon. São pontos opostos: a linha cristã da definição espiritista e a conduta maleável do cidadão do mundo...

É certo que caminharás em soledade, experimentando, muitas vezes, um leve travo de amargura nos lábios, como se ele traduzisse a tua dor. Todavia, não temas o sofrimento. Aquele que sua, receoso, ante o dever a cumprir, poucas ve-

zes atinge o ponto do dever cumprido. Faz-se necessário esmagar, na resolução firme, todos os apelos do homem velho, para que, das fibras dilaceradas que se recompõem, nasça o homem novo, como dos escombros orgânicos da lagarta, na histólise, surge a borboleta que voa, ligeira, singrando os céus livres...

Não te compreenderão os companheiros. Justificarão que o programa da fé nada tem que ver com a conduta do homem, como se se pudessem demarcar as fronteiras entre o efeito e a causa, esta e aquele.

Outras vezes procurarão dizer-te da necessidade de viver consoante vivem os outros, para que não sigas uma linha paralela qual se fosses um marginal. E é compreensível. Quando a virtude tem constrangimento em aparecer, porque a desonra é muito aplaudida, é natural que o homem que preza a vida casta, no culto do dever, sofra o aguilhão do medo, em meio aos corações desesperados (...).

(Messe de amor – 9ª edição – cap. 18)

Pergunta 105: Diante dos afligentes problemas que angustiam a Humanidade nos dias atuais, qual a proposta do Espiritismo que nos servirá de roteiro?

Resp.: Só o amor, conforme ensinou e viveu o Cristo – manjar divino e preciosa linfa –, resolverá os magnos e angustiantes tormentos humanos. Fará que as criaturas todas compreendam que somente por meio do auxílio recíproco se poderão salvar; que não há dores isoladas, porquanto os distúrbios de cada um produzem os desequilíbrios do conjunto; que a felicidade não pode ser aquisição egoísta, desde que é improvável o júbilo de alguém cercado pelas lágrimas de muitos; que a esperança emule os jovens na marcha para o progresso, arri-

mando-os em sadia fraternidade com que se alçarão aos misteres elevados da existência.

Um amor igual ao que fez o príncipe Siddhartha renunciar ao luxo e dar-se à meditação, à fraternidade; que incitou Francisco de Assis ao matrimônio com a pobreza e à humildade, restaurando nos Espíritos a pureza da fé; que convidou Gandhi à cruzada da "não violência" e Schweitzer à abnegação pelos irmãos enfermos em Lambaréné...

(Após a tempestade – 12ª edição – prefácio)

Pergunta 106: Existem pessoas que não suportam o sofrimento e qualquer espécie de dor lhes constitui verdadeiros infortúnios. Que são realmente os infortúnios, as dores, etc.?

Resp.: Do ponto de vista humano, infortúnio ou desgraça significa tudo que perturba a comodidade e contraria as ambições imediatas em que se compraz a criatura humana.

⚜

Observado, no entanto, do ponto de vista espiritual, o infortúnio que poderia significar verdadeira desdita para os desarmados morais faculta aos que sabem entregar-se a Deus conquistas que se trasladam para a Vida imortal – a verdadeira.

As dores de qualquer procedência, as injunções de toda natureza, as enfermidades ditas incuráveis, a presença da pobreza material, a ausência dos valores amoedados, a ingratidão das pessoas amadas representam apelos ao Espírito calceta e atrabiliário para cuidar quanto antes da sua renovação e consequente ascensão moral.

Provas e expiações de qualquer monta são necessidades elaboradas por nós próprios, a fim de repararmos as faltas cometidas, encontrando na dor, que se deve superar, os recursos valiosos para a libertação dos gravames inditosos e a paz da consciência.

Não são, portanto, desgraças reais os chamados infortúnios, conforme conceituam as convenções do utilitarismo e do imediatismo.

O verdadeiro infortúnio pode ser encontrado na ausência da fé em Deus, com o impositivo de prosseguir-se caminhando entre dores e desesperações, sem os arrimos abençoados da crença e da esperança.

(Após a tempestade – 12ª edição – cap. 11)

Pergunta 107: Fala-se muito em legalização do aborto. É lícito tal fato? Em que condições devemos aceitá-lo?

Resp.: Não obstante, em alguns países, na atualidade, o aborto sem causa justa – e como causa justa devemos considerar o aborto terapêutico, cuja interferência médica se objetiva a salvação da vida orgânica da gestante – encontre-se legalizado, produzindo inesperada estatística de alto índice, perante as leis naturais que regem a vida, continua a ser atentado criminoso contra um ser que se não pode defender, constituindo, por isso mesmo, dos mais nefandos atos de agressão à criatura humana...

Defensores insensatos do aborto delituoso costumam alegar que nos primeiros meses nada existe, *olvidando que, em verdade, o tempo da fecundação é de somenos importância...*

⚜

Alega-se, também, que é medida salutar a legalização do aborto, em considerando que a sua prática criminosa é tão re-

levante, que a medida tornada aceita evita a morte de muitas mulheres temerosas que, em se negando maternidade, entregam-se a mãos inescrupulosas e caracteres sórdidos, que agem sem os cuidados necessários à preservação da saúde e da vida...

Um crime, todavia, de maneira alguma justifica a sua legalização, fazendo que desapareçam as razões do que o tornavam prática ilícita.

A vida é patrimônio divino que não pode ser levianamente malbaratado.

⚜

Examinando-se ainda a problemática do aborto legal, as leis são benignas quando a fecundação decorre da violência pelo estupro... Mesmo em tal caso, a expulsão do feto, pelo processo abortivo, de maneira nenhuma repara os danos já ocorridos...

⚜

Não ocorrem incidentes que estabeleçam nos quadros das Leis Divinas injustiça em relação a uns e exceção para com outros...

O aborto, portanto, mesmo quando aceito e tornado legal nos estatutos humanos, fere violentamente as Leis Divinas, continuando crime para quem o pratica ou a ele se permite submeter.

Legalizado, torna-se aceito, embora continue não moral.

(Após a tempestade – 12ª edição – cap. 12

Pergunta 108: O que leva uma pessoa – às vezes, aparentemente feliz – a fugir da vida através do suicídio?

Resp.: Ato de extremada rebeldia, reação do orgulho desmedido, vingança de alto porte que busca destruir-se ante a impossibilidade de a outrem aniquilar, o suicídio revela o estágio de brutalidade moral em que se demora a criatura humana...

Por um minuto apenas, a revolta atira o ser no dédalo do desvario, conseguindo um tentame de desdita que se alonga por decênios lúridos de amarguras e infortúnios indescritíveis.

Por uma interpretação precipitada, o amor-próprio ferido arroja o homem que se deseja livrar de um problema no poço sem fundo de mais inditosas conjunturas, que somente a peso de demorados remorsos e agonias consegue vencer...

⚜

Em nome da dignidade atirada por terra, arroja-se a pessoa geniosa na covarde fuga pela estrada sem fim da cavilosa ilusão, em que carpe, inconsolável, o choro do arrependimento tardio...

⚜

Temendo o sofrimento, o suicida impõe-se maior soma de aflições, no pressuposto de que o ato de cobardia encetado seria sancionado pelo apagar da consciência e pelo sono do nada...

...No fundo de todas as razões predisponentes para o autocídio, excetuando-se as profundas neuroses e psicoses de perseguição, as maníaco-depressivas – que procedem de antigas fugas espetaculares à vida e que o Espírito traz nos refolhos do ser como predisposições à repetição da falência moral –, encontra-se o orgulho tentando, pela violência, solucionar questões que somente a ação contínua no bem e a sistemática confiança em Deus podem regularizar com a indispensável eficiência.

(Após a tempestade – 12ª edição – cap. 18)

Pergunta 109: Dizem que suicidas não são apenas aqueles que acabam com a própria vida. Existem circunstâncias que provocam o chamado "suicídio indireto"?

Resp.: Defrontas os problemas que se manifestam no teu dia a dia entre a irritação e o desespero, estabelecendo matrizes de aflições que te conduzirão ao autoaniquilamento.

Suicida não é somente aquele que, acionado pelo desconcerto da emotividade, arroja-se no despenhadeiro da autodestruição física.

Essa melancolia que te busca os painéis da mente, tecendo as malhas da depressão, é sinal de alarme que não podes desconsiderar.

Essa aflição que se agiganta, dominando-te o equipamento nervoso, convida-te a uma mudança de atitude, que não deves postergar.

Isso que te consome, desaparecendo e ressurgindo em roupagens de configuração nova, é desafio que deves enfrentar com estoicismo para saíres da desarmonia.

Mil pequenas injunções contra a tua saúde emocional e mental, deves rechaçar, antes que sejas colhido pelo infortúnio da desencarnação injustificável e precipitada.

(Alerta – 7ª edição – cap. 10)

Pergunta 110: Em muitas regiões do planeta, a guerra continua presente, dizimando povos e ceifando vidas. Há algo de positivo para se aprender com a guerra?

Resp.: A guerra, conforme demonstra a História, não tem ensinado as lições que seriam de esperar-se, exceto a demonstração imediata da transitoriedade dos triunfos e das desgraças terrenos...

Desde todos os tempos, civilizações se têm erguido sobre os escombros das que sucumbiram ao guante das suas impetuosidades... Os vencidos de ontem se rebelam e se erguem logo que surge o ensejo, expulsando o espoliador sanguinário, não raro cometendo os mais hediondos revides, que no agressor condenavam, nos quais se revelam as paixões subalternas que sufocavam...

⚜

A guerra, não obstante açodar os mais vis sentimentos de selvageria nos grandes grupos, inspira ao sacrifício da vida os que amam, proporcionando a manifestação nobilitante dos heróis da renúncia e da abnegação, que mergulham nos laboratórios de pesquisas e experiências, a fim de encontrar soluções para os problemas afligentes, produzindo revoluções novas na tecnologia em tempo recorde, considerando o estímulo para apressar o fim das animosidades e socorrer as vítimas inermes colhidas no fragor das batalhas ferozes...

⚜

Com Jesus aprendemos que o amor substituirá, um dia, a agressividade humana, resolvendo todas as questões que possam constituir pontos de divergência entre as criaturas e motivações para as guerras.

⚜

Embora necessário como aguilhão do homem, o mal é herança que um dia desaparecerá da Terra sob a inspiração e superior comando do bem.

(Após a tempestade – 12ª edição – cap. 19)

Pergunta 111: A morte é uma *esfinge* e a Vida espiritual ainda é uma incógnita. Como acontece a morte e o que nos aguarda no Mundo espiritual?

Resp.: Nada obstante as persistentes e ininterruptas informações do Além-túmulo nas diversas nações, desde os primórdios do homem na Terra, continua-se mantendo em torno da morte e da Vida espiritual contumaz ignorância com que milhões de pessoas supõem eximir-se da responsabilidade e dos deveres que dizem respeito à própria evolução.

Partem do orbe físico aos milhares, cada dia, na direção do túmulo, os que residem no domicílio carnal, enquanto outros milhares mergulham no corpo, em incessante permuta de estados vibratórios, retornando à Erraticidade ou de lá procedendo...

Seguem com as conquistas que realizaram, quanto com elas regressam à matéria sem defrontar os milagres das transformações gratuitas ou aposentadoria parasitária do paraíso de ficção, demorando-se no círculo vicioso berço-túmulo-berço, sem lograr as metas de alforria e ascese que lhes estão destinadas.

A morte de maneira alguma resolve os problemas que não se solucionaram enquanto na vida física. Em razão disso, pululam na economia espiritual do planeta bilhões de Entidades insensatas, ignorantes e viciosas, que se comprazem na leviandade, até que a dor as conduza pelo rio das lágrimas à embarcação do equilíbrio, no rumo do porto do progresso...

Cada um desencarna ou morre no corpo somático transferindo para a realidade espiritual o patrimônio que lhe é peculiar, sem que surpreendam concessões indébitas em forma de protecionismos ou de punição injusta.

Nesse particular, vivemos num universo de ondas, vibrações e mentes que se intercambiam, interpenetram-se, ajustam-se e produzem defasagens, em incessantes permutas de energias de que ninguém se pode liberar senão pelos processos de sublimação e elevação...

(Após a tempestade – 12ª edição – cap. 21)

Pergunta 112: Fala-se muito em conciliar as atividades espirituais, sem perder de vista os prazeres sociais e mundanos. Isso é possível?

Resp.: Disse Jesus com propriedade inalterável: "Não se serve bem a dois senhores...".

Sem dúvida não nos encontramos diante da necessidade de construir comunidades novas em que a ojeriza ao mundo se patenteie pela fuga aos cometimentos humanos. Não estamos diante de uma imposição para que se edifiquem células quistosas no organismo social, em que os seus membros se transformem em marginais da vida contemporânea. Desejamos aclarar quanto à necessidade de que aquele que encontrou a rota luminosa da Verdade, por um princípio de coerência natural, não se deve permitir engodos.

Desde que não se podem coadunar realidades que se contrapõem, tu que conheces os objetivos da vida não te deves permitir fixações e posições falsas que já deverias ter abandonado a benefício da paz interior, enquanto convindo com atitudes dúbias, navegando no mar das indecisões, estarás na crista e nas baixadas das ondas das dúvidas sob as contingências das posições emocionais em atropelo.

O convite do Cristo tem sido sempre imperioso. Tomando-se da charrua, não se deve olhar para trás.

(Convites da vida – 10ª edição – cap. 10)

Pergunta 113: Generalizam-se os conflitos íntimos no comportamento social da criatura. Como auxiliá-la?

Resp.: O conflito íntimo é matriz cancerígena no organismo humano, em constante ameaça ao grupo social.

Cabe ao homem em conflito revestir-se de coragem, resolvendo-se pelo trabalho de identificação das possibilidades que dispõe, ora soterradas nos porões da personalidade assustada. Sentindo-se incapaz de enfrentar-se, a busca de alguém capacitado a apontar-lhe o rumo e ajudá-lo a percorrê-lo é tão urgente quão indispensável. Inúmeras terapias estão ao seu alcance, entre os técnicos da área especializada, assim como as da Psicologia Transpessoal, apresentando-lhe a intercorrência de fatores paranormais e da Psicologia Espírita, aclarando-o com as luzes defluentes dos fenômenos obsessivos geradores dos problemas degenerativos no indivíduo e na sociedade.

O conglomerado social, por sua vez, tem o dever de auxiliar o homem em conflito, de ajudá-lo a administrar as suas fobias, ansiedades, traumas, e mesmo o de socorrê-lo nas expressões avançadas quando padecendo psicopatologias diversas, em ética de sobrevivência do grupo, pois que, do contrário, através do alijamento de cada membro, quando vier a ocorrência, desarticular-se-á o mecanismo de sustentação da grei.

A sociedade deve responder pelos elementos que a constituem, pelos conflitos que produz, assim como assume as glórias e conquistas dos felizardos que a compõem.

(O homem integral – 23ª edição – cap. 4)

Pergunta 114: Muitas vezes, nossos hábitos são tão automáticos que nem sequer os percebemos. Como proceder para a sua renovação?

Resp.: Os métodos arraigados decorrentes de hábitos prolongados promovem lamentáveis resultados.

Renovação é medida urgente em face do impositivo da revisão de conceitos e atitudes a que te aferras.

O processo da evolução estabelece medidas seguras para a atualização de postulados e promoção de serviços.

⚜

Como renovação entenda-se acréscimo de cultura, desdobramento de atividades, metodologia escorreita e intercâmbio fraterno.

⚜

As conquistas íntimas são bênçãos que armazenas a favor da própria iluminação...

Renovação é, também, disposição para abandonar os conceitos ultrapassados, produzindo revolução íntima, a penoso esforço, a fim de se adaptarem às valiosas informações da cultura hodierna, capazes de dinamizar os recursos em latência ou desdobrar os que se encontram em utilização, para lobrigar os salutares e elevados resultados.

⚜

A "transformação pela renovação da mente" – já asseverava Paulo – leva o homem a "provar qual é a boa, agradável e perfeita vontade de Deus".

(Convites da vida – 10ª edição – cap. 49)

Pergunta 115: Costuma-se dizer ser impossível, diante de tantas injustiças e descalabros sociais, manter a tranquilidade. Há verdade nisso?

Resp.: Mais produz quem o faz com equilíbrio.
Melhor ajuda aquele que coopera com tranquilidade.

⚜

A tranquilidade, por essa razão, em todos os momentos da vida é de salutar necessidade.

Vivendo sob condicionamentos decorrentes da violência que se espraia por toda parte, o homem, convidado a decisões e atitudes, raramente age impulsionado pela tranquilidade que reflexiona, inspirando diretrizes de segurança.

⚜

Diz-se que manter a tranquilidade ante a injustiça, em face das surpresas desagradáveis que nos assaltam, sob condições inesperadas, é de todo impossível... Não é verdade, porém. Mister, bem se depreende, facultar condições para que vicejem as expressões da paciência no coração e na mente, em perene tranquilidade.

⚜

Consciente de que todo mal aparente redunda num bem real e que toda aflição faculta resgate de dívida passada, nenhuma conjuntura infeliz consegue alterar o ritmo da tranquilidade interior.

⚜

Em qualquer situação mantém a tranquilidade e não te desesperes.

Muitas vezes, parece que o auxílio divino te chegará tardiamente. Logo após, fazendo revisão das ocorrências, constatarás que o socorro celeste sempre chega dez minutos antes *da hora grave, resolvendo o problema.*

Persevera, pois, em tua tranquilidade sempre.

(Convites da vida – 10ª edição – cap. 58)

Pergunta 116: Os cristãos, nos dias que correm, ainda são convocados aos testemunhos como antigamente?

Resp.: Fala-se em testemunho evangélico em termos do passado, como se não fora lícita a repetição da aferição dos valores espirituais nos dias que ora vivemos.

⚜

No passado, a traição e o suborno, a acusação indébita e o perjúrio abraçavam a agressividade e o fanatismo no desiderato da perseguição sistemática... Mas hoje, também, é assim...

Não obstante a mudança dos tempos e o aperfeiçoamento dos métodos, unem-se os mesmos fomentadores da discórdia e do horror, tentando lobrigar seus resultados infelizes.

⚜

Não te concedas ilusões.

⚜

Mesmo que as avenidas da esperança se convertam em estreitos e difíceis caminhos, prossegue intimorato.

Se o fel verter na direção dos teus lábios, sorve a taça tranquilamente. Os paladares desagradáveis também merecem consideração.

Seja o punhal da calúnia a ferir-te o cerne do Espírito, seja o tóxico da zombaria malsinando tuas horas, seja a carantonha do desprezo esconjurando tua presença, seja a pedrada do descrédito sobre o teu nome, não te perturbes.

⚜

Permanece de Espírito tranquilo, alçado à Vida espiritual – nosso ponto de origem, nosso abrigo de volta –, servindo sempre e mais, fiel a ti mesmo e ao dever, aguardando a desencarnação que logo advirá, orando para que ela te surpreenda impertérrito no momento do testemunho, a fim de partires da Terra livre e feliz na direção d'Aquele que é o Excelso Guia e Juiz de todos nós.

(Celeiro de bênçãos – 9ª edição – cap. 16)

Pergunta 117: O que é a fé e qual a sua finalidade?

Resp.: A fé, além de virtude espontânea, também é conquista intelectual.

Referimo-nos à fé religiosa, porquanto crer é qualidade inerente ao ser.

Crê-se por hábito, por acomodação, pelo fenômeno da razão.

A fé religiosa, porém, graças, hoje, às lições do Espiritismo e às realidades mediúnicas, decorre do exame racional dos fatos, em perfeita consonância com as leis que regem a vida.

Necessário, no entanto, refletir melhor para fixá-la em profundidade. Adubá-la com os valiosos recursos da oração e do trabalho edificante, a fim de que se não entibie e desapareça.

Tem a fé a função essencial de oferecer forças para solucionar problemas, ao invés de afastá-los ou liberar o crente dos testemunhos necessários para a sua evolução.

Mediante o seu concurso, a dor muda de configuração. Deixa de ser o aguilhão do resgate para se transformar em força-estímulo para a vida, desafio para o avanço e autorrealização.

Crendo no Pai, entregou-se Jesus totalmente ao sacrifício, sem mácula nem culpa, de modo a ensinar-nos que a fé é ponte divina por onde transitaremos da nossa pequenez na direção abençoada da liberdade total e grandiosa.

(Celeiro de bênçãos – 9ª edição – cap. 42)

Pergunta 118: Ninguém gosta da dor, embora soframos a sua investida. Como entender a dor e o sofrimento?

Resp.: A dor é a mensageira da esperança que, após a crucificação do Justo, vem ensinando como se pode avançar com segurança. Recebamo-la, pacientes, sejam quais forem as circunstâncias em que a defrontemos, nesta hora de significativas transformações para o nosso Espírito em labor de sublimação.

O sofrimento de qualquer natureza, quando aceito com resignação – e toda aflição atual possui as suas nascentes nos atos pretéritos do Espírito rebelde –, propicia renovação interior com amplas possibilidades de progresso, fator preponderante de felicidade.

A dor faculta o desgaste das imperfeições, propiciando o descobrimento dos valiosos recursos, inexauríveis, aliás, do ser.

Após a lapidação fulgura a gema.

Burilada a aresta, ajusta-se a engrenagem.

Trabalhado, o metal converte-se em utilidade.

Sublimado pelo sofrimento reparador, o Espírito liberta-se.

(Florações evangélicas – 5ª edição – cap. 17)

Pergunta 119: É comum haver divisões e discórdias em grupamentos espíritas. Qual a razão da cizânia e como imunizar-se contra ela?

Resp.: A cizânia constitui, pela sua própria estrutura, adversário ferino da obra de edificação do bem, onde quer que se manifeste. Parte integrante da personalidade humana, o espírito da cizânia facilmente se instala onde o homem se encontra. Estimulada pelo egoísmo, distende com muitas possibilidades as suas tenazes, surpreendendo quantos incautos se permitem, por invigilância, trucidar.

Soez, persistente, contínua, a cizânia, ao manifestar-se, divide o corpo coletivo em falsos grupos de eleição, que logo se entredisputam primazia, estabelecendo o combate aguerrido e franco sob os disfarces da pusilanimidade ou da simulação.

A cizânia deve ser combatida frontalmente onde quer que o bem instaure o seu reinado. Para tanto, faz-se mister que cada membro ativo do grupo da ação nobilitante compreenda o impositivo da humildade.

⚜

Não te esqueças de que mesmo no Colégio Galileu, não poucas vezes esse tóxico letal foi identificado, pernicioso, pelo Incomparável Senhor, que, não obstante o alto patrimônio da Sua elevação, teve que o enfrentar com energia e humildade.

Vigia, Espírito dedicado, nas nascentes do labor que desdobras, na tarefa empreendida, e sê daqueles cujo serviço pode prosseguir sem tua cooperação, embora não possas marchar sem ele, por indispensável à tua elevação.

Oferece a quota do teu trabalho, compreendendo que no cômputo geral a importância de cada um está na medida do esforço despendido, nunca em relação à função exercida.

⚜

No trabalho renovador ao qual te afervoras, não te olvides dos que atuam nas funções modestas, todavia indispensáveis ao serviço que desdobras.

⚜

A cizânia nasce sempre no seio da vaidade que se faz nutrir pela presunção.

Esquece, portanto, os títulos e valores a que te apegas, pois que eles nada valem diante d'Aquele a quem serves ou a quem procuras servir.

A obra do bem tem passado sem ti e depois que passes ela prosseguirá passando.

Reage à cizânia, impedindo que ela te domine no pensar, no falar, a fim de que não se desdobre através do agir.

(Florações evangélicas – 5ª edição – cap. 35)

Pergunta 120: Existem tarefeiros que se dedicam a mais de uma Casa Espírita, e por este motivo são muito cobrados a permanecerem vinculados a uma Casa apenas. Pode-se adotar este procedimento, ou é realmente necessário ligar-se apenas a uma Casa Espírita?

Resp.: Cuida de promover a Causa e olvida as transitórias casas a que te vinculas; propagando o Espiritismo em toda a sua pureza, fiel aos postulados kardequianos, ilumina-te na sua claridade, deixando a tua pessoa em plano secundário; ampliando o campo para sementação da Verdade, não te iludas...

A promoção da Doutrina que te honra não deve constituir-te motivo de destaque personalista, porque o verdadeiro trabalhador ama na semente a planta futura, e na terra reverdecida encontra a resposta da vida ao esforço desenvolvido.

Servindo desinteressadamente, não te alcançarão as agressões dos maus – que são transitórios no caminho –, e a perseverança da tua atividade, quando outros a deixarem, responderá pela nobreza dos teus propósitos e do teu valor aplicados à fidelidade do ideal que te abrasa.

(Florações evangélicas – 5ª edição – cap. 43)

Pergunta 121: Às vezes, somos tão assediados, tanto por encarnados quanto por desencarnados, que não sabemos a quem recorrer. O que fazer?

Resp.: Se te sentires inquieto no serviço que te compete realizar, insultado por companheiros que não acreditam no teu esforço, silencia e produze mais.

⚜

Assediado psiquicamente por Entidades levianas ou perseguidoras, trabalha pelo bem de todos, utilizando os recursos de que disponhas e preenche os espaços mentais vazios, não concedendo trégua à ociosidade.

⚜

Algumas vezes, o veneno da ira amargurará teus lábios; em muitas ocasiões, a balbúrdia dos desocupados te atordoará, envolvendo-te em atroada avassaladora; repentinamente sentirás a mágoa insidiosa e injustificável açulando a indiferença muda que te ameaça, cruel; a tentação de "tudo abandonar", reiteradamente, chegará à tua casa mental; a deserção de inúmeros companheiros será estímulo para o teu desâni-

mo; as facilidades *do caminho estarão fascinantes à tua frente, convidativas; e perguntarás: que fazer?!*

Recorre aos recursos espíritas: ora, e ora sempre, para adquirires resistência contra o mal que infelizmente ainda reside em nós; permuta conversação enobrecida, pois que as boas palavras e os pensamentos bons renovam as disposições espirituais; utiliza o recurso do passe socorrista, rearticulando as forças em desalinho; sorve um vaso de água fluidificada, restaurando a harmonia das células em desajustamento e, sobretudo, realiza o bom serviço.

Nenhum mal consegue triunfo no terreno reservado ao bem atuante.

Não te concedas a insensata cooperação com o pessimismo ou o desalento, a rebeldia ou o egoísmo, estimulando a produção do erro ou a multiplicação da anarquia.

(Florações evangélicas – 5ª edição – cap. 51)

Pergunta 122: Como aplicar-se no conhecimento de si mesmo?

Resp.: Aprende a fazer silêncio íntimo e a conviver contigo próprio.

Propõe-te espaço mental para o exame das tuas necessidades, reflexão sobre a existência, equilíbrio de valores íntimos.

Quem não se conhece, encontra-se incapaz de manter salutares relacionamentos e enfrentar as situações que resultam dos compromissos vários de que se não pode evadir.

A ignorância das próprias possibilidades fomenta receios injustificáveis, que produzem estados agressivos como mecanismos de defesa, ou depressivos como forma de fuga dos desafios.

Se reages, amargurado ou insensível, aos processos da luta cotidiana, necessitas aprender a agir conforme cada situação, mediante as exigências de cada caso.

Nem "lavar as mãos", irresponsavelmente, tampouco somar às dificuldades que já enfrentas. O correto é conceder a cada caso a consideração devida e atentar para que os efeitos não se façam danosos.

⚜

Sê tu aquele que identifica os seus reais recursos e sabe aplicá-los.

Para que logres esse tentame, ama-te a ti mesmo, permitindo-te o crescimento espiritual que te desenvolverá a capacidade de amar o teu próximo com legítimo interesse pela sua felicidade.

⚜

Não temas enfrentar-te; conviver com as tuas imperfeições, descobrindo-as e transformando-as; com as tuas legítimas necessidades...

⚜

É indispensável parar, de modo a examinar os rumos e seguir aquele que lhe constitui o objetivo primordial.

(Otimismo – 12ª edição – cap. 18)

Pergunta 123: Onde se encontram as causas dos sofrimentos atuais?

Resp.: Quando a criatura sofre sem conhecimento das causas que a levam à aflição, raramente logra forças para superar-se e suportar com resignação as suas dores.

Eis por que, ante a conjuntura ou situação dolorosa que atinge os homens, somente se pode entender, perante a Divina Justiça, que se a causa dos padecimentos não se encontra na existência atual, está, sem dúvida, em precedentes reencarnações.

Repetem-se as vidas corporais para o Espírito, quantas vezes se façam necessárias para o seu burilamento, a sua plenitude.

Cada etapa repara os erros da fase anterior, ao mesmo tempo contribuindo para a aquisição de valores e experiências que necessitam ser armazenados e que contribuem, poderosamente, para a evolução do homem.

⚜

Se não compreendes o porquê das tuas dores atuais, ausculta a consciência e ela te inspirará a entender as causas anteriores, ajudando-te a suportá-las e vencê-las bem.

O sofrimento não tem exclusiva finalidade corretiva, senão educadora, abrindo percepções e facultando valores que não seriam conhecidos sem o seu contributo.

Não menosprezes, por essa razão, a fragilidade orgânica, a celeridade com que transcorre cada ciclo das reencarnações.

Aproveita, quanto possas, as ensanchas que se te apresentem, reunindo experiências positivas, recuperando lições perdidas, realizando trabalhos valiosos.

⚜

Os que se apresentam ditosos, tranquilos e não merecem, assim se apresentam, aquinhoados por dádivas de acréscimo *que todos recebem e nem sempre utilizam como devem, incidindo, então, na compulsória de adquirirem pela dor o que não realizaram pelo amor.*

(Otimismo – 12ª edição – cap. 42)

Pergunta 124: De onde procedem essas criaturas-problema que são colocadas ao nosso lado?

Resp.: A pessoa-problema que renteia contigo, no processo evolutivo, não te é desconhecida...

O filhinho-dificuldade que te exige doação integral não se encontra ao teu lado por primeira vez...

O ancião-renitente que te parece um pesadelo contínuo, exaurindo-te as forças, não é encontro fortuito na tua marcha...

O familiar de qualquer vinculação, que te constitui provação, não é resultado do acaso que te leva a desfrutar da convivência dolorosa.

Todos eles provêm do teu passado espiritual.

Eles caíram sim, e ainda se ressentem do tombo moral, estando hoje a resgatar injunção penosa. Mas tu também.

Quando alguém cai, sempre há fatores preponderantes e outros predisponentes que induzem e levam ao abismo.

Naturalmente oculto, o causador do infortúnio permanece desconhecido do mundo. Não, porém, da consciência nem das Soberanas Leis.

Renascem em circunstâncias e tempos diferentes, todavia, volvem a encontrar-se, seja na consanguinidade por meio da parentela corporal, ou mediante a espiritual, na grande família humana, tornando ao caminho das reparações e compensações indispensáveis.

(Alerta – 7ª edição – cap. 6)

Pergunta 125: Generaliza-se, atualmente, uma profunda mudança de valores na educação. Qual seria o melhor método de educação?

Resp.: A tarefa da educação deve começar de dentro para fora e não somente nos comportamentos da moral social, da aparência, produzindo efeitos poderosos, de profundidade.

⚜

Nas diversas fases etárias da aprendizagem humana, em que o ser aprende, apreende e compreende, a educação produz os seus efeitos especiais, porquanto, através dos processos persuasivos, libera o ser das condições precárias, armando-o de recursos que resultam em benefícios que não pode ignorar.

⚜

Além do ensino puro e simples dos valores pedagógicos, a educação deve esclarecer os benefícios que resultam da aprendizagem, da fixação dos seus implementos culturais, morais e espirituais. Por isso, e sobretudo, a tarefa da educação há de ser moralizadora, a fim de promover o homem, não apenas no meio social, antes o preparando para a sociedade essencial, que é aquela preexistente ao berço donde ele veio e sobrevivente ao túmulo para onde se dirige.

Nesse sentido, o Evangelho é, quiçá, dos mais respeitáveis repositórios metodológicos de educação e da maior expressão de filosofia educacional. Não se limitando os seus ensinos a um breve período da vida, e sim lhe prevendo a totalidade, propõe uma dieta comportamental sem os pieguismos nem os rigores exagerados que defluem do próprio conteúdo do ensino.

(No limiar do infinito – 6ª edição – cap. 6)

Pergunta 126: Atualmente há uma profunda inversão de valores na sociedade. Qual a razão disso?

Resp.: Discute-se muito, na atualidade, a questão das conquistas éticas e morais, intentando-se explicar que a falta de sentimento e de amor responde pelos desatinos que aturdem a sociedade. Têm razão aqueles que pensam desta forma. Todavia, parece-nos que a causa mais profunda do pro-

blema se encontra na dificuldade do discernimento em torno dos valores humanos. O questionamento a respeito do que é essencial e do que é secundário inverteu a ordem das aspirações, confundindo os sentimentos e transformando a busca das sensações em realização fundamental, relegando-se a plano inferior as expressões da emoção elevada, na qual o belo, o ético, o nobre se expressam em forma de amor, que não embrutece nem violenta.

A experiência do amor é essencial ao autodescobrimento, pois que, somente através dele se rompem as couraças do ego, do primitivismo, predominante ainda em a natureza humana. O amor se expande como força cocriadora, estimulando todas as expressões e formas de vida. Possuidor de vitalidade, multiplica-a naquele que o desenvolve quanto na pessoa a quem se dirige. Energia viva, pulsante, é o próprio hálito da Vida a sustentá-la. A sua aquisição exige um bem direcionado esforço que deflui de uma ação mental equilibrada.

(O homem integral – 23ª edição – cap. 3)

Pergunta 127: As criaturas, de um modo geral, temem a dor, qualquer que seja. A dor é uma punição?

Resp.: A dor, em qualquer situação, jamais funciona como punição, porquanto sua finalidade não é punitiva, porém educativa, corretora. Qualquer esforço impõe o contributo do sacrifício, da vontade disciplinada ou não, que se exterioriza em forma de sofrimento, mal-estar, desagrado, porque o aprendiz simplesmente se recusa a considerar, de maneira diversa, a contribuição que deve expender a benefício próprio.

(No limiar do infinito – 6ª edição – cap. 6)

Pergunta 128: Existem dores físicas e dores morais. Qual a medicação para uma e para outra?

Resp.: Os sofrimentos, genericamente, dilaceram o corpo, alguns, todavia, esfacelam a alma, na roda dentada das aflições.

Aqueles que decorrem das enfermidades físicas e mentais produzem desespero, levando, não raro, os que os têm sobre os ombros, a estados de desesperação, se não se apoiam na resignação e na humildade. Todavia, os sofrimentos morais parecem transcorrer em clima de mais ásperas provanças.

Há dores físicas que se tornam difíceis tormentos morais. Sem embargo, os legítimos sofrimentos morais, aqueles que se transformam em feridas abertas, em chaga viva ulcerando a alma, terminam em agonias físicas de largo porte...

Para as dores físicas, a ciência já conseguiu um sem-número de recursos que colaboram para a recuperação da saúde e, ao mesmo tempo, produzem diminuição, quando não transitória cessação dos padecimentos.

Diante, porém, das dores morais, as denominadas "ciências da alma" podem, quando muito, propor esquemas paliativos que, decerto, não atuando no cerne do problema aflitivo, não conseguem modificar a paisagem de angústia e sombra que escarnece e estiola a vítima.

Que medicamentos se podem propor, senão a terapia da prece, da fé abrasadora e da irrestrita confiança em Deus?!

(Rumos libertadores – 5ª edição – cap. 21)

Pergunta 129: Existem pessoas que dizem não sonhar nunca. Todos nós sonhamos? Qual a finalidade dos sonhos?

Resp.: Todos os homens sonham, mesmo quando não se recordam ao recobrar a lucidez mental, no ato de despertar. Nin-

guém suportaria a vilegiatura no corpo, se não fruísse desses interregnos abençoados, nos quais se volve ao passado, reatando ligações de afetividade, evocando reminiscências queridas, restabelecendo acordo de elevação e liberdade... Outrossim, nesses estados retempera-se o ânimo, na comunhão com os protetores espirituais que aguardam a criatura no Além, bem como os amores que a seguem com carinho entre as expectativas dos seus triunfos e dos receios de malogros, que tudo fazem por impedir, já que retardariam os cometimentos felizes em tais programações para o futuro.

(No limiar do infinito – 6ª edição – cap. 8)

Pergunta 130: O sono é sempre um repouso ou não? Qual o motivo?

Resp.: Naturalmente que, em decorrência do tipo de atividade que o Espírito executa durante o sono, o corpo lhe sofre a influência, deixando de ser, nessas ocasiões, uma forma de repouso e refazimento, para tornar-se um modo de exaustão e desgaste, considerando que a relativa emancipação da alma não se dando, esta lhe transmite as sensações, emoções, traumatismos e pavores que perturbam a renovação que se buscava.

Há milhões de criaturas que se dizem mais cansadas quando despertam. Isto é perfeitamente razoável, graças ao comportamento vivido no período de desprendimento das amarras orgânicas.

(No limiar do infinito – 6ª edição – cap. 8)

Pergunta 131: Como conceber a vida fora da matéria?

Resp.: Sendo a vida na Terra, suas edificações e paisagens um símile mais condensado e algo mais grosseiro do que existe no Mundo espiritual, facilmente se compreenderá que o progresso na região das causas transcende em beleza e realizações, superando em emoções e efeitos tudo quanto a imaginação pode conceber.

Desde os sítios mais grotescos e sombrios, onde se fixam os núcleos de depuração compulsória para os que dilapidam, irresponsáveis, os preciosos dons da existência, até os altos círculos de felicidade nas vibrações circunvizinhas da Terra, há uma infinita variedade de vilas e cidades, círculos espirituais e postos de socorro onde vivem os que se vinculam ao planeta generoso, que nos serve de berço e escola de progresso nos intervalos de uma para outra reencarnação. Plasmados pelas mentes que as moldam no fluido universal, são populosos centros de vida em que o amor estua, verdadeiros céus para os que atuam nos ideais de enobrecimento, pousadas dos Espíritos ditosos que promovem nesse orbe, quando reencarnados, o crescimento da cultura, das artes e das ciências. Esses verdadeiros missionários da abnegação e da caridade são os artífices da beleza no mundo em nome de Nosso Senhor Jesus Cristo.

Não se trata de lugares hipotéticos, ou de centros onde campeie a ociosidade em aposentadoria demorada, ou de paisagens fantasistas para o repouso da inutilidade.

Há atividades febricitantes em que o culto ao trabalho fomenta o progresso das mentes e aprimora os sentimentos do coração.

De forma alguma são mundos quiméricos, imateriais, sobrenaturais, mas searas de ação objetiva, organizações promovidas pelo espírito humano, distantes ainda dos mundos da divina bênção.

(No limiar do infinito – 6ª edição – cap. 12)

Pergunta 132: De um modo geral, quase todos nós carregamos conflitos em nosso íntimo. Por quê?

Resp.: Constrangido a atuar mediante aparelhagem nervosa deficiente, o Espírito que defraudou as leis do equilíbrio universal ressurge, na Terra, sob a injunção de conflitos inquietantes.

⚜

O homem que padece de conflitos íntimos continuados é alguém alcançado pela imutável Lei da Justiça Divina.

⚜

Quase todos nós, transitando na carne ou habitando os círculos espirituais de suas proximidades, carregamos conflitos íntimos de vário porte. Isto porque procedemos das sombras do erro em que nos comprazíamos, rumando para a madrugada de paz que nos comove e incita ao avanço.

(Rumos libertadores – 5ª edição – cap. 6)

Pergunta 133: Em geral, nas construções para o bem, existem poucos tarefeiros. Qual a razão disso?

Resp.: Quando a obra é do bem, o trabalhador não ignora estar na sua realização, em trânsito.

⚜

Se, todavia, no ministério abraçado se sente com pouca cooperação, é porque esta lhe deve constituir o processo de autoburilamento e de sacrifício que lhe diz respeito.

Não te amargures porque não te vejas envolvido por mãos e corações amigos pelejando contigo.

Agradece ao Senhor a presença dos colaboradores que te auxiliam a conduzir a luz do amor e o pão da caridade entre as sombras da necessidade e da aflição.

Em qualquer circunstância, porém, sê coerente com o próprio trabalho, compreendendo que ninguém tem o dever de ajudar-te, embora te encontres comprometido para auxiliar a todos.

Se te conduzires ativo e paciente, perseverando no bem, será formado um grupo de trabalho ao teu lado, todavia, se tal não ocorrer, é porque deve ser assim mesmo. Jesus Cristo, porém, sem dúvida nunca te deixará a sós, sendo a tua força e equipe eficiente.

(Rumos libertadores – 5ª edição – cap. 47)

Pergunta 134: Quais as características marcantes dos Espíritos superiores?

Resp.: Característica iniludível da elevação dos Espíritos superiores – a humildade!

Não se jactam dos valores com que se destacam, nem se referem a proeminências que se relacionem com o passado ou presente.

⚜

Escusam elogios e negam-se ao culto da personalidade.

⚜

São coerentes com a conduta evangélica e em momento algum compactuam com as conveniências arbitrárias do poder transitório, das momentâneas e humanas injunções.

⚜

Discretos, silenciam e não se imiscuem na problemática dos erros alheios, nem se fazem coniventes com as censuráveis atitudes que comprometem a responsabilidade e os objetivos da dignificação humana.

(Rumos libertadores – 5ª edição – cap. 49)

Pergunta 135: Muitas pessoas oram aos familiares desencarnados, pedindo auxílio na resolução de problemas. Eles podem ajudar? É correta esta atitude?

Resp.: Quando ditosos, os desencarnados são apenas amigos generosos que intercedem, ajudam e inspiram, mas não podem modificar os compromissos que os seus afeiçoados assumiram desde antes do berço, conforme não se eximiram eles mesmos aos braços da cruz em que voaram no rumo da felicidade.

Quando em desdita no Além-túmulo, são para eles inócuas todas as expressões dos chamados "cultos externos" das religiões terrestres.

⚜

Desse modo, esforça-te para resolver os teus problemas sem perturbar os que agora merecem a justa paz depois das lutas ásperas que sofreram.

Respeita a memória dos desencarnados e sem os títulos mentirosos da Terra, tem-nos em conta de amigos queridos não subalternos que te poderão ajudar, porém que necessitam, a seu turno, de evoluir também.

(Leis morais da vida – 15ª edição – cap. 5)

Pergunta 136: Qual o mais eficiente antídoto contra o mal?

Resp.: O trabalho é, ao lado da oração, o mais eficiente antídoto contra o mal, porquanto conquista valores incalculáveis com que o Espírito corrige as imperfeições e disciplina a vontade.

O momento perigoso para o cristão decidido é o do ócio, não o do sofrimento nem o da luta áspera.

Na ociosidade surge e cresce o mal. Na dor e na tarefa fulguram a luz da oração e a chama da fé.

(Leis morais da vida – 15ª edição – cap. 7)

Pergunta 137: Qual a tarefa que cabe às religiões?

Resp.: À religião cumpre a tarefa relevante de invitar o homem aos deveres mais elevados, que são os espirituais, armando-o com os recursos hábeis e preciosos para lográ-lo.

Trabalhando-lhe o caráter e o sentimento, a religião emula-o a uma renovação contínua para melhor, a um trabalho de crescimento íntimo, superando as conjunturas que o alcançam pela própria necessidade de crescer e progredir.

Proporciona-lhe a visão feliz da vida e o aproxima doutro homem, favorecendo o surgimento da família universal, longe dos vínculos carnais, e amenizando-lhe as dificuldades, quando estas ocorrem no recinto doméstico.

A religião é responsável por funções moralizadoras dignificantes, liberativas, propiciadoras de felicidade, sem o que falha na sua finalidade essencial.

(Luz viva – 5ª edição – cap. 6)

Pergunta 138: Fala-se muito em direitos iguais entre homens e mulheres. Como devemos enxergar o feminismo?

Resp.: Perante Deus são iguais os direitos do homem como os da mulher, embora situados em misteres próprios, podendo executar um a tarefa do outro, conforme as circunstâncias, sem que se invertam as finalidades da vida de cada qual.

Realizando os deveres que lhes cumprem, completam-se esses dois elementos, propiciando-se a harmonia.

O feminismo, no bom sentido, é perfeitamente louvável, quando proclama a dignidade da mulher, os seus valores e os seus direitos, não, porém, quando conclama à disputa de papéis que ao homem cabe desempenhar; ou ao direito do aborto criminoso, como meio de afirmação, derrapando em lamentável delito, ou na liberação da sexualidade, escravizando-se ao instinto e rolando no paul de suas mais vis dependências; ou da aceitação dos vícios e condicionamentos inferiores que ao homem tem amesquinhado através dos séculos e de que se deveria libertar, sem que o lograsse até este momento.

A ninguém, ao homem ou à mulher, são concedidos a libertinagem, o cultivo dos vícios degradantes, as licenças morais perniciosas, a prática de crimes...

(Luz viva – 5ª edição – cap. 8)

Pergunta 139: Embora o louvável empenho das religiões, o homem ainda encontra dificuldade em buscar Deus. Onde podemos perceber a presença de Deus?

Resp.: Em plena glória da Criação o homem vê, ouve, sente, pensa e, não poucas vezes, dá-se conta da presença de Deus.

⚜

Deus, porém, está em tudo e mantém o Universo.

Desde as leis soberanas que governam o Cosmo até aqueloutras que agregam e especificam as micropartículas.

Mais de duzentos bilhões de astros na Via Láctea voluteiam ante a grandeza de cem milhões, aproximadamente, de galáxias, movendo-se no infinito do tempo e do espaço, sustentadas pelo equilíbrio em toda parte vigente.

Universos paralelos, quasares, buracos negros desafiam as mentes humanas, que somente agora os detectam, misteriosos, portadores de informações que surpreendem as mais audaciosas concepções sobre a sua origem e a da vida universal.

Mergulhado na incomensurável grandeza da Criação, o homem aceita o fato consumado sem mais amplas e profundas análises.

Se a mente, porém, se detém a considerar o que a rodeia, não pode sopitar considerações e passa a identificar mais proximamente a presença de Deus:

No extraordinário mecanismo do instinto dos animais e na habilidade específica de cada um para a reprodução e a sobrevivência.

Na assimilação clorofiliana dos vegetais e nos mecanismos que levam uma débil raiz a fender uma pedra ou lhe permitem transformar húmus e água em perfume, açúcar e madeira.

No sistema ecológico de preservação da vida e nas multifárias espécies que lhe constituem o harmônico e precioso conjunto.

Na gigantesca força que, periodicamente, irrompe no planeta, reestruturando-o, acomodando-lhe camadas ou canalizando correntes aéreas, a exteriorizarem-se em calamidades, tais as erupções vulcânicas, os terremotos, os maremotos, os furacões.

Na previdência que envolveu o orbe com as camadas de oxigênio e ozônio, a fim de que a vida pudesse manifestar--se e manter-se.

Em milhares de razões que estão diante dos olhos e dos demais sentidos, falando sobre Deus...

(Momentos de iluminação – 4ª edição – cap. 1)

Pergunta 140: Como proceder para buscar o autoconhecimento?

Resp.: Aprofunda a autoanálise e tem a coragem de te desnudares perante a própria consciência.

Enumera as tuas mais graves emoções perturbadoras e raciocina sobre a sua vigência no teu comportamento.

Enfrenta-as, uma a uma, não as justificando, nem as escamoteando sob o desculpismo habitual.

⚜

O homem que se conhece possui um tesouro no coração.

⚜

Cada vez que te resolvas por te autodescobrires, conduze uma proposta de libertação.

Começa pelos vícios sociais da mentira, da maledicência, da calúnia, do pessimismo, da suspeita, passando aos dramas do comportamento, na inveja, no ciúme, no ressentimento, no rancor, no ódio... Posteriormente, elabora as medidas educativas às dependências aos alcoólicos, ao tabagismo, às drogas alucinógenas, à luxúria, aos distúrbios de conduta e às investidas das alucinações psicológicas...

Cada passo ser-te-á uma conquista nova.

⚜

Como os condicionamentos são a segunda natureza, *em a natureza humana, gerarás hábitos salutares, que te plenificarão em forma de equilíbrio e paz.*

(Momentos de iluminação – 4ª edição – cap. 8)

Pergunta 141: Quais os recursos que nos faculta a oração?

Resp.: A oração é o recurso mirífico mais acessível para permitir à criatura a comunicação com o Criador.

Ponte invisível de energias sutis, faculta a união da alma com o Genitor Divino, por cujo meio ela haure as forças e a inspiração para os cometimentos difíceis da existência.

Não altera o campo de lutas, nem impede os testemunhos que favorecem a evolução. Entretanto, brinda resistências para os embates, encorajando e vitalizando sempre.

Amplia a visão da realidade, ao tempo em que robustece o entusiasmo de quem se lhe entrega.

Modifica a compreensão e o modo de encarar-se os acontecimentos, produzindo sintonia com o Divino Pensamento, que tudo governa.

Quem ora, supera tensões e penetra-se de paz.

⚜

Ela prepara o santo, sustenta o herói, inspira o pesquisador, mantém a vida, enquanto projeta luz nas paisagens em sombra ou enevoadas, que se apresentam ameaçadoras.

Por mais te sintas pleno, não percas o hábito da oração, a fim de te manteres equilibrado.

(Momentos de saúde e de consciência – 3ª edição – cap. 13)

Pergunta 142: Muitas vezes, somos arrastados pelas nossas ações, até inconscientemente. Quando ou como conseguiremos vencer essa circunstância?

Resp.: Concordamos que a criatura é conduzida, na maior parte das vezes, pelo inconsciente, *que lhe dita o pensamento e as ações, como resultado normal das próprias construções mentais anteriores.*

A mudança de hábito necessita de novo condicionamento, a fim de mergulhares nesse oceano tumultuado, atingindo-lhe o limite que concede acesso às praias da harmonia, do autodescobrimento, da realização interior.

Nessa façanha, verás o desmoronar de muitas e vazias ambições, que cultivas por ignorância ou má-educação; o soçobrar de inúmeros engodos; o desaparecer de incontáveis conflitos que te aturdem e devastam.

Amadurecerás lentamente e te acalmarás, não te deixando mais abater pelo desânimo, nem exaltar pelo entusiasmo dos outros.

Ficarás imune à tentação do orgulho e à pedrada da inveja, à incompreensão gratuita e à inimizade perseguidora, porque somente darás atenção à necessidade de valorização do ser profundo e indestrutível que és.

Terminarás por te venceres, e essa será a tua mais admirável vitória.

(Momentos enriquecedores – 2ª edição – cap. 7)

Pergunta 143: Muitas pessoas acreditam-se indispensáveis onde se situam. Existe alguém indispensável?

Resp.: Ninguém é indispensável em lugar nenhum. O primeiro de agora será dispensável amanhã, assim como o úl-

timo de hoje, possivelmente, estará no comando no futuro. A morte, a cada momento, demonstra-o.

A desincumbência do dever reflete-lhe o valor moral e a nobreza da sua consciência. Segurar as rédeas da dominação em suas mãos fortes denota insegurança íntima, crise de conduta.

O homem tem o dever de abraçar ideais de enobrecimento pessoal e grupal, participar, envolver-se emocionalmente, fazer-se presente na comunidade, como complemento da sua conduta existencial.

A criatura terrena está em viagem pela Terra, e todo trânsito, por mais demorado, sempre termina. Ninguém se engane e não engane a outros.

(O homem integral – 23ª edição – cap. 4)

Pergunta 144: A sociedade atual é altamente competitiva. A competição é um mal?

Resp.: Competir não é negativo, desde que tenha por meta progredir, e não vencer os outros; porém, superar-se cada vez mais, desenvolvendo capacidades latentes e novas na individualidade. Competir, todavia, para derrubar quem está à frente, em cima, é atitude neurótica, inconformista, invejosa, que abre brecha àquele que vem atrás e repetirá a façanha em relação ao aparente vencedor atual. Tal atitude responde pela insegurança que domina em todas as áreas do relacionamento social.

(O homem integral – 23ª edição – cap. 5)

Pergunta 145: Por que, mesmo entre os espíritas, existe tanta incompreensão?

Resp.: Pessoa alguma logra vencer a jornada terrestre sem enfrentar os obstáculos necessários ao seu processo de iluminação interior.

Dentre muitos, aqueles de natureza moral fazem-se os mais mortificadores, desafiando as resistências íntimas e conspirando contra a harmonia pessoal.

Destaca-se entre esses, no relacionamento social, a incompreensão, criadora de situações lamentáveis.

A incompreensão tem raízes em comportamentos íntimos que se mascaram, renovando as formas de agressão e mantendo a mesma acidez.

⚜

A incompreensão está em germe na alma humana ainda em processo de crescimento.

Herança dos instintos agressivos, *reponta com insistência nas mentes e busca residência nos corações.*

⚜

Os mais abnegados promotores do progresso padeceram a incompreensão dos seus coevos.

⚜

Os santos experimentaram-na na carne, espezinhados e perseguidos nos grupos de onde se originavam.

Os missionários do bem se viram sacrificados e confundidos, porque não pararam, cedendo nos seus ideais.

(Desperte e seja feliz – 12ª edição – cap. 4)

Pergunta 146: Diariamente, somos tentados nas mais diversas situações. Qual o papel das tentações em nossas vidas?

Resp.: Ninguém cresce, moral e espiritualmente, sem a presença mortificadora da tentação.

As tentações são as pedras da estrada, criando impedimentos à movimentação dos viajantes do progresso; são os espinhos cravados nas carnes do coração, ferindo a cada contração muscular...

Constituem, também, os estímulos à vitória, à transformação íntima para melhor. São o aguilhão que impele para frente todo aquele que lhe padece o acúleo.

As tentações que levam à irritação, ao revide, não são maiores do que aqueloutras que fazem arder as emoções profundas e se apresentam como tormentos ocultos do sentimento, do sexo, dos vícios, e outras que a ambição desmedida sussurra aos ouvidos da alma.

A vida, sem tentações ou testes de avaliação moral, perderia o seu colorido e as suas motivações de crescimento.

(Desperte e seja feliz – 12ª edição – cap. 5)

Pergunta 147: De modo geral, as pessoas lutam para conquistar êxito e aplauso. O que representam essas conquistas para o Espírito?

Resp.: Nem sempre o êxito e o aplauso, o apoio como a glória terrestres significam conquistas valiosas para o Espírito. Cada uma representa, invariavelmente, um empréstimo Divino, de forma que o aprendiz humano invista esses estímulos no próprio crescimento.

Júbilos, facilidades, conforto, beleza e saúde são concessões espirituais de que os seus possuidores terão que prestar contas, conforme o uso que deles façam.

(Desperte e seja feliz – 12ª edição – cap. 17)

Pergunta 148: Muitas pessoas, quando sofrem, gostariam que os outros soubessem de sua dor e sofressem juntos. Como esclarecer os que pensam assim?

Resp.: A tua é uma dor pessoal, intransferível, que ninguém pode compartir.

Gostarias que os amigos e familiares tivessem dimensão do que te aflige, da profundidade do teu sofrimento.

Não é possível! Há experiências que necessitam ser vividas, para mais bem dimensionadas.

Cada criatura conduz a sua própria dor e está preocupada com o fardo que a esmaga.

Qual ocorre contigo, os teus amigos e afetos encontram-se igualmente sofridos e, mesmo que não o digam, passam por momentos difíceis.

Supões que o teu é um calvário demasiado e que tudo de aflitivo te acontece.

Assim crês, porque ignoras os testemunhos dos demais.

⚜

Assim, não te magoes com aqueles que te não são solidários nos teus momentos de angústias. Eles já têm a sua própria quota, que buscam dissimular e esquecer.

(Desperte e seja feliz – 12ª edição – cap. 21)

Pergunta 149: Muitas pessoas creem que viver bem, no sentido dos gozos terrestres, é a meta superior da vida. Como esclarecê-las?

Resp.: Não se creia, portanto, equivocadamente, que a finalidade primeira da conjuntura existencial seja viver bem, no sentido de acumular recursos, fruir comodidades, gozar sensações que se renovam e exaurem, alcançando o pódio da glória competitiva e todos esses equivalentes anelos do pensamento mágico, partindo para as aspirações fenomênicas e miraculosas dos privilégios e das regalias que não harmonizam o indivíduo com ele mesmo.

Certamente, na pauta dos objetivos e do sentido existencial constam as realizações sociais, econômicas, artísticas, culturais, religiosas, todas aquelas que fazem parte do mundo de relações interpessoais. Entretanto, não são exclusivas – metas finais das buscas e das lutas –, desde que o ser transpõe os umbrais do túmulo e continua a viver, levando os seus programas de elevação gravados no imo profundo.

Lutar sem fadigas exaustivas por conquistar-se, superando-se quanto possível, enfrentando os desafios com alegria e compreendendo que são os degraus de ascensão diante dos seus passos – eis como incorporará ao cotidiano os objetivos essenciais do seu aprimoramento físico, emocional e mental.

(Vida: desafios e soluções – 14ª edição – cap. 2)

Pergunta 150: Existem pessoas que costumam dizer que tudo que pensam de ruim lhes acontece. Por quê?

Resp.: O pensamento é força viva e atuante, porque procede da mente que tem a sua sede no ser espiritual, sendo, portanto, a exteriorização da Entidade eterna.

Conforme o seu direcionamento, manifesta-se, no mundo das formas, a sua realização. A sua educação é relevante, porque se torna fator essencial para o enfrentamento dos desafios e encontro das soluções necessárias à vida saudável.

Normalmente, em razão do hábito de mal pensar, os indivíduos asseveram que tudo quanto pensam de negativo lhes acontece, e não se dão conta de que são, eles próprios, os responsáveis pela construção mental do que anelam, inconscientemente, e elaboram pelo pensamento. Alterassem a forma de encarar a vida e de pensar, e tudo se modificaria, tornando-se-lhes a existência mais apetecível e positiva.

(Vida: desafios e soluções – 14ª edição – cap. 11)

CAPÍTULO IV

TEMAS PARA O AUTOCONHECIMENTO

Pergunta 151: A maioria das pessoas acredita que para ser feliz são necessários fortuna, juventude e poder. Essas condições reunidas podem nos fazer felizes?

Resp.: Desnecessária a fortuna a fim de fruí-la.

Secundária a juventude de modo a gozá-la.

Dispensável o poder para experimentá-la.

A felicidade independe dos valores externos, sempre transitórios, sem maior significação, além daquela que se lhes atribuem.

⚜

Acicatado por problemas morais, angustia-se ao verificar o júbilo alheio daqueles que transitam, guindados a situações de destaque ou exibindo sorrisos de tranquilidade...

Isto por ignorar o testemunho de aflição que cada um deve doar no panorama da evolução inadiável, de que ninguém se pode eximir.

Felicidade é construção demorada, que se realiza interiormente a tributo de laboriosa ação sacrificial.

⚜

Mesmo quando o homem consegue adicionar a juventude, o poder, a fortuna e a saúde aparente, a felicidade não está implicitamente com ele.

⚜

De tudo e todos os estados retira o proveito da aprendizagem e, assim fazendo, a pouco e pouco perceberás que a felicidade é consequência da autoiluminação libertadora, como decorrência do amor exercido em plenitude fraternal.

(Convites da vida – 10ª edição – cap. 23)

Pergunta 152: Ser feliz é uma escolha? Como fazer para alcançar a felicidade?

Resp.: Podes e deves ser feliz. Esta é a tua liberdade de escolha.

Se te encontras atrelado ao carro das aflições, porfia construindo o bem e te libertarás.

⚜

A vida renova-se a cada momento.

⚜

És senhor do teu destino, e ele tem para ti, como ponto de encontro, o infinito.

Quem se desvaloriza e se desmerece, e se invalida, fica na retaguarda.

É necessário que te envolvas com o Programa Divino. Todo aquele que se não envolve positivamente, nunca se desenvolve.

Se preferires sofrer, terás liberdade para a experiência até o momento em que te transfiras para a opção do bem-estar.

⚜

Ninguém tem o destino do sofrimento. Ele é resultado da ação negativa, jamais a causa.

Faze uma avaliação honesta da tua existência, sem consciência de culpa, sem pieguismo desculpista, sem coerção de qualquer natureza, e logo depois desperta para o que deves produzir de bom, de útil, de construtivo, empenhando-te na realização da tua liberdade de ser feliz.

(Momentos de saúde e de consciência – 3ª edição – cap. 2)

Pergunta 153: Do que precisa o homem para ser feliz?

Resp.:O homem deve comprometer-se ao autodescobrimento, para ser feliz, identificando seus defeitos e suas boas qualidades, sem autopunição, sem autojulgamento, sem autocondenação. Pescá-los, no mundo íntimo, e eliminar aqueles que lhe constituem motivos de conflitos deve ser-lhe a meta... Não se sentir feliz ou desventurado, porém empenhar-se por atenuar as manifestações primitivas de agressividade e posse, desenvolvendo os valores que o equipem de harmonia, vivendo bem cada momento, sem projetos propiciadores de conflitos em relação ao futuro ou programas de reparação do passado.

Simplesmente deve renovar-se sempre para melhor, agindo com correção, sem consciência de culpa, sem autocompaixão, sem ansiedade. Viver o tempo com dimensão atemporal, em entrega, em confiança, em paz.

(O homem integral – 23ª edição – cap. 7)

Pergunta 154: Quando nós, os homens, seremos capazes de construir uma sociedade justa e feliz?

Resp.: Quando se compenetrarem, os pais, de que o lar é o santuário para a vida humana, e não um campo de disputas para a supremacia do ego; quando os adultos se conscientizarem que a educação é um ato de amor, e não um meio de intimidar, de descarregar problemas; quando as pessoas entenderem a família como um compromisso dignificador, e não um ringue de lutas, as trágicas ocorrências do abuso infantil, pela violência, pela indiferença, pelo estupro, pela miséria em que nasce o ser e a ela fica relegado cederão lugar à construção de uma sociedade justa, equânime e feliz.

(Vida: desafios e soluções – 14ª edição – cap. 1)

Pergunta 155: Diante de dores, aflições, mágoas e sofrimentos sem conta que embaraçam nossos dias, como aplicar o Evangelho em nossa vida?

Resp.: Fazendo um balanço, através de reflexões, és impelido a renovar conceitos, em face da necessidade de colocar o Senhor em muitas das posições que Lhe competem e que Lhe tens negado.

⚜

Mencionas cansaço e desequilíbrio como carga que se sobrepõe, esmagadora, quase te conduzindo ao fracasso. Todavia: "O fardo é leve!".

Referes que a amizade de amigos transitou da tua para províncias estranhas. Em decorrência sofres o vazio que ficou na alma, graças à deserção deles. No entanto, "aquele que não tomar a sua cruz e seguir-me, não é digno de mim".

Esclareces que a monotonia das atividades a pouco e pouco mata o ardor do ideal que antes te abrasava. Tens a sensação de que já não é a mesma a chama da fé que ardia em ti. Apesar disso, "o trabalhador da undécima hora faz jus ao salário daquele da hora primeira".

Informas que desejarias novos sinais dos Céus, a fim de que se robustecessem as convicções que parecem esvaziadas de conteúdo, na torpe sociedade de consumo. Sem embargo, a lição é simples: "Bem-aventurados os que não viram e creram".

Minado por enfermidades insistentes que te roubam a vitalidade, inquires: "Onde o auxílio divino, na direção das minhas necessidades?". Não obstante, a resposta está enunciada há quase dois mil anos: "Nem todos foram curados".

A ronda da fome aumenta cada vez mais, ampliando as dimensões dos seus domínios, e a miséria, soberana, governa milhões de destinos. Marejam-se os teus olhos, em justa compunção. No íntimo, indagas: "Por que o Senhor não solve a dificuldade?". Entrementes, a elucidação já foi dada: "Nem só de pão vive o homem...".

⚜

Diante de tais considerações, no báratro dos tormentosos dias, convém consultar Jesus, sem cessar...

(Celeiro de bênçãos – 9ª edição – cap. 13)

Pergunta 156: Proliferam, atualmente, muitos livros falando sobre a capacidade ou o poder do "pensamento positivo". Como cultivar esses pensamentos em nossos hábitos diários?

Resp.: Muito se tem escrito sobre as fórmulas proveitosas dos "pensamentos positivos", elaborando resultados eficientes, imediatos.

A Psicologia, ao estudar mais profundamente a psique humana, através da Psicanálise, constata que todas as impressões, conscientes ou não, arquivam-se na inconsciência, em cujos depósitos transitam, retornando à consciência, a seu tempo.

Ora, enviando-se mensagens constantes e positivas aos arquivos da mente, oportunamente estas aflorarão, realizando o mister a que se destinam.

Pouco importa que as impressões remetidas sejam acreditadas ou não. O essencial é que sejam enviadas ininterruptamente, de tal modo que consigam expulsar aquelas que criaram o clima de pessimismo em que habitas.

⚜

Naturalmente que àqueles que consideram as coisas possíveis, possíveis estas se fazem.

Todavia, a fixação da possibilidade obedece ao mesmo mecanismo de registro, que o tempo consegue dominar com ou sem aceitação consciente disso.

Dize diariamente e muitas vezes: "Sou feliz, lutarei, pois, contra as minhas imperfeições, consoante os ditames cristãos".

Criarás um hábito, empolgar-te-ás com ele, conseguirás a prática das virtudes evangélicas, a princípio por automatismo psicológico, depois por entusiasmo racional.

Começa a considerar todas as pessoas como bondosas e amigas; refere-te às suas qualidades superiores, mínimas que sejam, sem azedume, e descobrirás, surpreso, em breve, que todos são realmente bons nos seus valores afirmativos...

Também te impregnarás de bondade e cantarás, sem que o percebas, a mesma alegria do Senhor e dos Seus discípulos, começando novos tempos para a própria vida na Terra, sereno e realmente ditoso.

(Espírito e vida – 1ª edição comemorativa – cap. 59)

Pergunta 157: Como cultivar os bons pensamentos?

Resp.:Teus pensamentos são como sementes que vais depositando no solo da vida. Produzirão sempre de acordo com a qualidade que lhes seja peculiar.

⚜

Conforme aneles e projetes os teus pensamentos, a vida te devolverá em forma de acontecimentos, sensações e emoções.

Os positivos e estimulantes enriquecem-te e se manifestam em todos os setores existenciais.

Os negativos e deprimentes entorpecem-te o ânimo e tornam-te amargo, nervoso, interferindo no teu comportamento.

Libera-te dos pensamentos doentios e perniciosos que acalentavas no passado, quanto até há pouco. Deixa-te livre, preparando a terra generosa dos sentimentos, para que os otimistas, os ativos expressem o perfeito bem de Deus.

Mantém os que revelam amor e te sentirás envolvido por incessantes ondas de ternura e de afeto.

Conserva os que são de paz e toda a harmonia da vida ressoará no teu íntimo.

Preserva os que objetivam a saúde e te sentirás forte, pleno, mesmo que, vez por outra, alguma debilidade se te apresente, não afetando o conjunto.

Pensa em prosperidade, abundância, mas não só de valores materiais, e sim dos demais bens de Deus, que são essenciais à vida para sempre.

Pensa, e viverás consoante a onda emitida.

(Filho de Deus – 10ª edição – cap. 16)

Pergunta 158: Costuma-se dizer: "conforme pensamos, assim agimos". Como fazer para modificar os pensamentos pessimistas e negativos?

Resp.: Conforme se pensa, assim se procede.

A mente, exteriorizando os níveis psicológicos, é responsável pelas atitudes, por expressar a realidade espiritual de cada um.

⚜

O cultivo das ideias pessimistas, geradoras de enfermidades e dissabores, angústias e tragédias, deve ser substituído pelos pensamentos saudáveis, produtivos, responsáveis pelos bens da vida.

Ninguém há que se encontre fadado à desdita. Renovando-se, altera-se-lhe a paisagem para o futuro, mediante o que elabore na área dos desejos mentais.

⚜

Certamente experimentarás, no transcurso da existência física, provas e expiações decorrentes de pensamentos e atitudes passadas, ora retornando ao proscênio do ser como mecanismos de reparação, resgate, reeducação.

⚜

Não obstante tais efeitos, a Lei de Renovação propele-te à modificação da estrutura dos dias porvindouros, mediante a tua conduta presente.

Revisa, quanto antes, os teus planos de ação. Submete-os a uma análise tranquila e considera as tuas possibilidades atuais, refazendo programas e estabelecendo metas novas.

Se te parecem corretos, amplia-os. Se te manifestam insuficientes ou perturbadores, corrige-os. Renova-te, porém, alterando sempre para melhor as tuas disposições de crescimento, seja como for que te encontres.

(Momentos de saúde e de consciência – 3ª edição – cap. 3)

Pergunta 159: Os pensamentos podem agir sobre o nosso organismo e a nossa saúde?

Resp.: A ação do pensamento sobre a saúde é incontestável.

Vejamos alguns exemplos:

A ansiedade estimula a secreção de adrenalina, que sobrecarrega o sistema nervoso e o descontrola.

O pessimismo perturba o aparelho digestivo e produz distúrbios gerais.

O medo, a revolta são agentes de úlceras gástricas e duodenais de curso largo.

Da mesma forma, a tranquilidade, o otimismo, a coragem são estimulantes que trabalham pela harmonia emocional e orgânica, produzindo salutares efeitos na vida.

O homem se torna o que pensa, portanto, o que quer.

(Episódios diários – 10ª edição – cap. 35)

Pergunta 160: Tendo dificuldades em nos manter em harmonia, ora somos dominados pelos instintos, ora pela razão. Como buscar o domínio de nossas emoções?

Resp.:Constituído de instinto e razão, o homem tem o dever de controlar os seus impulsos agressivos e superar as suas paixões inferiores.

Fadado ao bem, o seu é o rumo da libertação das imposições primitivas que ainda lhe comandam a existência, vencendo com decisão os apelos que o brutalizam, mediante a autoiluminação que o tranquiliza.

A educação, a cultura, a arte, a fé constituem-lhe preciosos recursos para que alcance a meta da Vida imperecível sem amarras nem dependências com a retaguarda.

Não se liberando dessas cadeias retentivas, ele vê a luz, mas não se ilumina; identifica o amor, porém não o alcança; percebe o dever, no entanto não o incorpora aos atos; descobre o valor do bem, todavia a ele não se entrega.

A cegueira da razão fá-lo bracejar com os apelos dos instintos que, atendidos, lhe entorpecem os centros do discernimento, retardando-lhe a marcha.

Amolentado nos gozos, retorna, psiquicamente, às faixas primeiras do processo de evolução, gerando inenarráveis sofrimentos para ele próprio, quando se lhe imporá a necessidade inevitável do despertamento.

⚜

Sem saber o rumo por onde segue, o indivíduo se perde, e, desorientado, age erradamente.

Acende, desse modo, a claridade do bem na tua alma e deixa-te conduzir pela sua luz.

(Otimismo – 12ª edição – cap. 4)

Pergunta 161: Uma das características de nossa época é a ansiedade. O que vem a ser a ansiedade e quem é o ansioso?

Resp.: A ansiedade traduz desarmonia interior, insegurança e insatisfação.

É a crença no inconformismo, do qual decorre a incerteza em torno das ocorrências do cotidiano.

O ansioso perturba-se e perturba.

No seu estado de ansiedade, desgasta-se e exaure aqueles que se lhe submetem ou com quem convive.

A ansiedade pode ser considerada como um fenômeno de desequilíbrio emocional.

Littré, o eminente pensador positivista, afirmava que a "inquietação, a ansiedade e a angústia são manifestações de um mesmo estado".

Mediante exercício da vontade e recorrendo-se à terapia especializada, a ansiedade se transforma em clima de paciência, aprendendo a aguardar no tempo, na hora e no lugar próprios, o que deve suceder.

Se experimentas contínuos estados de ansiedade, para a meditar e propõe-te renovação de conceito espiritual.

(Otimismo – 12ª edição – cap. 49)

Pergunta 162: Fala-se que a Terra é um mundo de "provas e expiações", porém, muitas pessoas que nela vivem são relativamente felizes. O que é a Terra afinal?

Resp.: Há quem diga que a Terra é um "vale de lágrimas", numa atitude pessimista e recriminatória contra o planeta que nos serve de colo materno, auxiliando-nos no processo evolutivo.

Algumas pessoas informam que detestam a vida terrestre, somente enxergando, no mundo, aflição e dor, numa constante de ignóbeis tormentos.

Outras insistem que a existência física não passa de um purgatório infeliz, onde a lágrima e a sombra se unem, compondo uma singular patética de desespero sem-fim.

Os que têm, porém, conceitos de tal natureza, encontram-se com uma visão deficiente da realidade.

A Terra é o que dela temos feito, aguardando nosso contributo, a fim de ascender na escala dos mundos.

Escola de almas, é o educandário eficiente, no qual adquirimos sabedoria e experiência viva.

Hospital abençoado, enseja a recuperação da saúde do corpo e do Espírito, mediante a terapia do amor e da beneficência.

Lar formoso, recebe os trânsfugas e auxilia-nos na fixação dos valores transcendentes indispensáveis à felicidade real.

(Oferenda – 6ª edição – cap. 17)

Pergunta 163: Qual o conceito que devemos ter da felicidade? Podemos ser felizes?

Resp.: Toda conceituação de felicidade que extrapole a ambição pessoal egoísta é válida e abre ensejo à sua realização no mundo das formas.

Esta felicidade, porém, risonha e tranquila, ainda não é deste mundo.

Aqui poderá começar, pelo que faças, como realizes, por cuja dedicação te sacrifiques, a fim de gozá-la depois.

Planeta de expiações redentoras e de provas que avaliam as conquistas, é hoje o que se tem dele feito.

Jardim ou deserto, pomar de bênçãos ou solo agreste, é, antes de tudo, nossa escola de crescimento, que nos cumpre respeitar e auxiliar, trabalhando a terra dos corações, a fim de que as sementes do puro amor possam germinar, desatando vida, e vida em abundância.

Não desanimes, porque ainda não lograste o paraíso.

Vai ao seu encontro, mudando os seus doridos panoramas e trabalhando o país da tua vida interior, a fim de que te enriqueças com a luz da esperança e a inundes de conquistas valiosas.

"Meu reino não é deste mundo" – disse Jesus.

Todavia, ensinou-nos com o sacrifício pessoal a sairmos deste, na direção daquele onde a felicidade já é uma realidade ditosa.

(Oferenda – 6ª edição – cap. 39)

Pergunta 164: Generaliza-se o culto ao corpo, à aparência exterior, à limpeza da residência, etc. Mas, como proceder em referência à limpeza mental?

Resp.: O corpo, este patrimônio divino, colocado pelo Senhor à disposição do Espírito para que adquira experiências na vivência terrena, merece respeito, carinho e disciplina. Todavia, a alma encarnada requer especiais cuidados que não podem nem devem ser postergados.

A habitação doméstica se estrutura sobre alicerces que penetram no solo, complementada de adornos e utilidades com que a vida se torna agradável, digna de ser vivida. No entanto, não dispensa depósitos de lixo nem esgotos preciosos, indispensáveis à saúde no lar...

Justo que, diante da necessária profilaxia mental, se atirem aos esgotos domésticos e aos recipientes de lixo as ocorrências venenosas, miasmáticas, que fazem parte do cotidiano...

Assuntos maledicentes, censuras contumazes, notícias excitantes, temas vulgares, pensamentos deprimentes devem fazer parte do lixo que se arroja fora, em benefício do equilíbrio espiritual.

Assuntos perturbadores que ontem inquietavam, conversas vis que empolgavam, temas angustiantes que faziam vibrar, cometimentos inditosos que estimulavam devem merecer imediato reproche e abandono, a fim de que se não fixem nos painéis mentais, construindo ideoplastias infelizes, que levam à rebeldia, à loucura, ao suicídio...

⚜

Preserva o corpo e mantém a alma em regime de paz.

⚜

Se já escorregaste no erro, no equívoco, no compromisso negativo, é tempo de recuperares a saúde da mente, portanto, da alma.

(Oferenda – 6ª edição – cap. 40)

Pergunta 165: Como estabelecer a renúncia em busca de metas superiores?

Resp.: Perfeitamente natural que, no empreendimento espiritual, cumpra-se a exigência da renúncia a determinados objetivos a fim de lograr mais relevantes metas.

Renuncia ao amor-próprio, a fim de viveres a fraternidade legítima.

Renuncia à maledicência, em considerando as próprias ulcerações morais que trazes ocultas.

Renuncia ao ódio, tendo em vista a necessidade do perdão.

Renuncia à comodidade, renovando-te pelo trabalho na caridade fraternal.

Renuncia à inveja, precatando-te contra a loucura.

Renuncia ao orgulho, antes que te envenenes interiormente.

Renuncia à sensualidade, edificando no imo o templo ao amor puro.

Arma-te de coragem e investe tuas forças na renúncia, no silêncio, no trabalho edificante, na ação da caridade e renuncia, renuncia sempre que possível.

(Oferenda – 6ª edição – cap. 49)

Pergunta 166: O que é *meditação*?

Resp.: Meditação é combustível precioso que mantém o vigor moral.

Meditação é dínamo poderoso que movimenta a máquina da ação.

Meditação é terapia que oferece paz.

⚜

Meditação é amiga fiel que corrige com bondade e esclarece com humildade.

Se desejas, realmente, um método eficiente para ser mantido o alto índice de produtividade, evitando insucessos continuados ou erros constantes, elege a meditação como hábito salutar em tua vida.

O cristão, e em particular o espírita, tem necessidade de meditar como de orar, porquanto se a vigilância decorre da meditação, esta é consequência daquela.

(Dimensões da verdade – 1ª edição comemorativa – cap. 19)

Pergunta 167: Qual o rumo a eleger para a nossa vida?

Resp.: Após as jornadas promovidas pelos homens na direção da Lua como de outros planetas do Sistema Solar, procurando as respostas legítimas para os complexos problemas sobre as origens do ser e sua evolução, novos desafios surgem propondo respostas urgentes, sem que, no entanto, as mentes armadas para as conquistas de fora logrem encontrar as soluções urgentes para as suas inquietações íntimas.

Nas viagens habituais sempre se defrontam com rumos variados, que se multiplicam, conduzindo a lugares diversos, conforme o veículo que se escolhe e o local de destino para onde se segue.

Há rumos que conduzem aos altiplanos onde se desdobram, imensas, as paisagens ricas de beleza e infinito.

Há rumos que levam às ásperas e tortuosas baixadas onde proliferam miasmas, sombras e morte.

Há rumos em dédalos que transportam para lugares nenhuns, produzindo fundas decepções.

Rumos e rumos!

Uns, são rumos que escravizam, e outros, rumos libertadores.

Faz-se imperioso saber-se qual a meta que se persegue, a fim de escolher-se o rumo por onde avançar.

⚜

Cuida-te ao escolheres o caminho por onde avançar.

Roteiros há que terminam em lugares sem saída e outros que conduzem a amplas regiões de paz.

Vê qual o rumo que pretendes tomar e elege a via de libertação.

(Rumos libertadores – 5ª edição – apresentação)

Pergunta 168: "Vinde a mim todos vós, que vos encontrais aflitos...". A quais aflitos o Mestre se referia?

Resp.: Muitas aflições têm a medida que se lhes atribui, aumentando-as ou valorizando-as, em face de uma atitude falsa ou decorrente da exigência de um mérito que em verdade não se possui...

Os aflitos, a que se refere o Mestre, são aqueles que da tribulação retiram o bom proveito; aqueles que encontram na dor um desafio para superarem-se a si mesmos; os que se abrasam na fé ardente e sobrepõem-se às conjunturas dolorosas; todos os que convertem as dificuldades e provações em experiências de sabedoria; os que, sob o excruciar dos testemunhos, demonstram a sua fé e perseverança nos ideais esposados, porfiando fiéis aos compromissos abraçados...

Os aflitos humildes que se convertem em lições vivas de otimismo e de esperança – eis os que serão bem-aventurados, porque após as dívidas resgatadas, os labores realizados, os testemunhos confirmados, "serão consolados" pela bênção da consciência tranquila, no país da redenção total.

(Rumos libertadores – 5ª edição – cap. 5)

Pergunta 169: Que conduta adotar com os equivocados do caminho que nos buscam pedindo auxílio?

Resp.: Se o teu irmão busca reabilitação no teu conceito e te explica o mal que fez, desata a fraternidade e deixa-te arrastar pela alegria de doar-lhe o perdão.

Se ele te busca em silêncio e segredo, esperando socorro e misericórdia, dá do que tenhas e faze-te o discreto benfeitor que oferta e passa, qual um aroma que impregna, some, porém não fica esquecido, permanecendo na memória do beneficiado como inequívoca demonstração da misericórdia de Deus.

Se alguém chega às portas da tua emoção e deixa que lhe percebas as dores excruciantes que ele não se atreve a desvelar-te, buscando em silêncio junto às portas do teu coração rico de plenitude e paz, dá a tua parte de amor; faze mais: dá-te em nome de Jesus e salva o sôfrego que se encoraja a apoiar-se nas tábuas da esperança, a fim de que te ache ao seu lado através da tua participação cristã...

Porque reiterou o Divino Amigo: "Todo aquele que bate defronta aberta a porta, o que pede recebe e o que busca acha...".

Quiçá chegará, também, o teu momento de bater, pedir e buscar se por acaso não te encontras a fazê-lo reiteradamente.

(Rumos libertadores – 5ª edição – cap. 54)

Pergunta 170: O Evangelho nos diz *"(...) Não vos inquieteis com o amanhã, pois o amanhã se inquietará consigo mesmo! Basta a cada dia o seu mal"* (Mateus, 6:34). Como aplicar esse ensinamento em nossas vidas?

Resp.: Viver hoje sem as amarras do ontem e sem as transferências para o amanhã significa aguardar o momento da partida com a segura confiança de quem sabe que prosseguirá vivendo, colhendo os resultados da sementeira operada até aqui.

Não dormir sobre os louros dos triunfos passados nem lamentar as horas transatas que foram perdidas, não programar em demasia os labores porvindouros nem recear os dias que advirão, vivendo com inteireza e integridade o momento, sem dúvida, representam para o homem de espírito cristão uma conjuntura valiosa, por identificar que este momento foi elaborado pelo ontem.

Fruir, retirar do instante que transita as melhores expressões da vida, equivale a compreender as lições do Evangelho vivo, insculpindo-as no íntimo do coração e vivendo-as na exteriorização das ações relevantes.

Quem encontrou Jesus, renova-se, ama, enriquece-se e prepara-se para todas as conjunturas.

(Rumos libertadores – 5ª edição – cap. 56)

Pergunta 171: Como adorar e amar a Deus?

Resp.: A maneira mais agradável de adorar a Deus é elevar o pensamento a Ele, por meio do culto ao bem e do amor ao próximo.

Desce à dor e ergue o combalido à saúde íntima; mergulha no paul e levanta ao planalto os que ali encontres; cur-

va-te para socorrer, no entanto, ascende no rumo de Deus pelo pensamento ligado ao Seu amor e vencerás os óbices.

Se desejas, todavia, compreender a necessidade de amar a Deus, acompanha o desabrochar de uma rosa, devolvendo o perfume à vida, o que extrai do solo em húmus e adubo... Fita uma criança, detém-te num ancião...

Ama, portanto, pelo caminho, quanto possas – plantas, animais, homens, e te descobrirás, por fim, superiormente, amando a Deus.

(Leis morais da vida – 15ª edição – cap. 1)

Pergunta 172: Os Espíritos superiores estão sempre nos recomendando amar. O amor é o meio para solucionarmos todos os problemas?

Resp.: O amor não é somente um meio, porém o fim essencial da vida.

⚜

A força do amor levanta as energias alquebradas, e torna-se essencial para a preservação da vida.

⚜

O amor solucionará todos os teus problemas. Não impedirá, porém, que os tenhas, que sejas agredido, que experimentes incompreensão, mas te facultará permanecer em paz contigo mesmo.

É possível que não lhe vejas a florescência, naquele a quem o ofertas; no entanto, a sociedade do amanhã vê-lo-á enfrutecer e beneficiar as criaturas que virão depois de ti. E isto, sim, é o que importa.

Quando tudo pareça conspirar contra os teus sentimentos de amor, e a desordem aumentar, o crime triunfar, a loucura aturdir as pessoas em volta, ainda aí não duvides do seu poder. Ama com mais vigor e tranquilidade, porque esta é a tua missão na Terra – amar sempre.

(Momentos enriquecedores – 2ª edição – cap. 13)

Pergunta 173: Como fazer para aplicar, no dia a dia, o amor ao próximo?

Resp.: Sê amigo de quem busque o apoio, a presença.

⚜

Há quem caminhe na multidão, sofrendo a soledade, necessitando de companhia, de amizade.

Nunca permitas que a outra pessoa se afaste da tua presença sem que leve algo bom dos minutos passados contigo.

(Vida feliz – 1ª edição comemorativa – cap. 108)

Pergunta 174: Como saber distinguir quando sentimos amor ou desejo?

Resp.: O amor é tônico da vida.

Quando se centraliza nos interesses inferiores do sexo e das paixões primitivas, torna-se cárcere e deixa de ser o sentimento elevado, que dignifica – libertando.

Examina os teus sentimentos, na área afetiva, e observa se eles te desarmonizam ou tranquilizam. Através da sua qualidade, detectarás se amas ou apenas desejas.

(Vida feliz – 1ª edição comemorativa – cap. 21)

Pergunta 175: Fala-se tanto em amor. O que é o amor?

Resp.: O amor é o poder criador mais vigoroso de que se tem notícia no mundo. Seu vigor é responsável pelas obras grandiosas da Humanidade.

Na raiz das realizações dignificadoras, ele se encontra presente, delineando os projetos e impulsionando os idealistas à sua execução.

Alenta o indivíduo, impulsiona-o para frente e faz-se refúgio para a vitória sobre as dificuldades.

No amadurecimento psicológico do ser, ei-lo (o amor) direcionando todos os ideais e sustentando, em todos os embates, aquele que lhe permite desabrochar, qual lótus esplendente sobre as águas turvas e paradas do charco no qual pousa em triunfo...

(Autodescobrimento: uma busca interior – 19ª edição – cap. 5)

Pergunta 176: O que podemos destacar como de grande importância para o homem?

Resp.: A família é o fulcro da maior importância para o homem.

Não obstante os complexos mecanismos da reencarnação, os fatores criminógenos ou os estímulos honoráveis encontram no núcleo familiar as condições fomentadoras para o eclodir das paixões insanas como o das sublimes. Obviamente, neste capítulo, de quando em quando surgem exceções, como atestando que o diamante valioso, apesar de tombado na lama, fulgura, precioso, ou a pedra bruta, embora o engaste nobre e o estojo especial, de forma alguma adquire valor.

Num lar lucilado pela oração em conjunto, no qual, a par do exemplo salutar dos cônjuges, a palavra do Senhor re-

cebe consideração e apontamentos superiores, ao menos periodicamente, os dramas passionais, as ocorrências infelizes, os temores e as discórdias cedem lugar à compreensão fraternal, à caridade recíproca, à paciência, ao amor.

(Leis morais da vida – 15ª edição – cap. 2)

Pergunta 177: Cresce, atualmente, o número de divórcios, separações, etc. Qual a solução para esses relacionamentos desencontrados?

Resp.: O amor, porém, entre duas ou mais pessoas somente será pleno, se elas estiverem no mesmo nível.

A solução, para os relacionamentos perturbadores, não é a separação, como supõem muitos. Rompendo-se com alguém, não pode o indivíduo crer-se livre para um outro tentame, que lhe resultaria feliz, porquanto o problema não é da relação em si, mas do seu estado íntimo, psicológico. Para tanto, como forma de equacionamento, só a adoção do amor com toda a sua estrutura renovadora, saudável, de plenificação, consegue o êxito almejado, porquanto, para onde ou para quem o indivíduo se transfira, conduzirá toda a sua memória social, o seu comportamento e o que é.

Desse modo, transferir-se não resolve problemas. Antes, deve solucionar-se para trasladar-se, se for o caso, depois.

(O homem integral – 23ª edição – cap. 7)

Pergunta 178: Muitas pessoas reclamam, dizendo-se infelizes e desgraçadas com a vida que levam. Que representam estas dores e o que podemos considerar realmente uma desgraça?

Resp.: Ninguém que esteja em estado de desgraça enquanto transitando nas roupagens carnais.

Soledade, pobreza, doença, limitação, esquecimento constituem provas redentoras de que se utilizam os excelsos mentores encarregados da programática reencarnatória, para a educação, a ascensão e a felicidade dos que tombaram nos fossos da loucura e da criminalidade, quando no uso das disponibilidades que lhes abundavam no passado...

Desgraça real é sempre o mal que se faz, nunca o que se recebe. Insucesso social, prejuízo econômico, fatalidade são terapêuticas enérgicas da vida para a erradicação dos cânceres morais existentes em metástase cruel nos tecidos do Espírito imortal.

(Leis morais da vida – 15ª edição – cap. 45)

Pergunta 179: Apregoa-se tanto a liberdade de pensar, de agir, de se expressar... Como usar a liberdade com responsabilidade?

Resp.: A responsabilidade resulta do amadurecimento pessoal em torno dos deveres morais e sociais, que são a questão matriz fomentadora dos lídimos direitos humanos.

Pela lei natural todos os seres possuímos direitos, que, todavia, não escusam a ninguém dos respectivos contributos que decorrem do seu uso.

A toda criatura é concedida a liberdade de pensar, falar e agir, desde que essa concessão subentenda o respeito aos direitos semelhantes do próximo.

Desde que o uso da faculdade livre engendre sofrimento e coerção para outrem, incide-se em crime passível de cerceamento daquele direito, seja por parte das leis humanas, sem dúvida nenhuma através da Justiça Divina.

(Leis morais da vida – 15ª edição – cap. 49)

Pergunta 180: Como disciplinar a vontade?

Resp.:O homem que busca a realização pessoal, inevitavelmente é impelido à interiorização.

⚜

A meditação torna-se-lhe o meio eficaz para disciplinar a vontade, exercitando a paciência com que vencerá cada dia as tendências inferiores nas quais se agrilhoa.

Meditar é uma necessidade imperiosa que se impõe antes de qualquer realização.

Com esta atitude acalma-se a emoção e aclara-se o discernimento, harmonizando-se os sentimentos.

⚜

Começa o teu treinamento, meditando diariamente num pensamento do Cristo, fixando-o pela repetição e aplicando-o na conduta através da ação.

(Momentos de meditação – 5ª edição – cap. 1)

Pergunta 181: Há pessoas que se melindram com muita facilidade, ficando ressentidas durante muito tempo. O ressentimento é prejudicial?

Resp.: O ressentimento é tóxico que mata aquele que o carrega. Enquanto vibra na emoção, destrambelha os equipamentos nervosos mais sutis e produz disritmia, oscilação de pressão, disfunções cardíacas.

Não vale a pena deixar-se envenenar pelo ressentimento.

⚜

Há pessoas ressentidas que se não dão conta.

Um autoexame enérgico auxiliar-te-á a identificá-lo nos refolhos da alma. Logo depois, prosseguindo na sua busca e análise, descobrirás as suas raízes, quando teve ele início e por que se te instalou no ser, passando a perturbar-te.

Verificarás, surpreso, que és responsável por lhe dares guarida e o vitalizares, deixando-te por ele consumir.

(Momentos de saúde e de consciência – 3ª edição – cap. 11)

Pergunta 182: Há pessoas que dispõem de muitas horas livres durante o seu dia. O que se recomenda fazer?

Resp.: Se, por alguma circunstância, surge-te uma hora vazia, preenche-a com uma leitura salutar, ou uma conversação positiva, ou um trabalho que aguarda oportunidade para execução, ou uma ação que te proporcione prazer...

O homem, quanto mais preenche os espaços mentais com as ideias do bem, mediante o estudo, a ação ou a reflexão, mais aumenta a sua capacidade e conquista mais amplos recursos para o progresso.

Estabelece um programa de realizações e visitas para os teus intervalos mentais, as tuas horas vazias, e te enriquecerás de desconhecidos tesouros de alegria e paz.

Hora vazia, nunca!

(Episódios diários – 10ª edição – cap. 8)

Pergunta 183: Existem pessoas que não conseguem libertar-se da culpa. O que devem fazer?

Resp.: Seja o que for que fizeste ou deixaste de fazer, a recordação, em culpa, daquele instante, de maneira alguma te ajudará.

Não poderás apagar o erro, lamentando-o, por mais te demores nesta atitude, tampouco experimentarás recompensa reter-te na lembrança do que poderias ter feito e deixaste de realizar. A aparente compensação que experimentes, enquanto assim permaneça, é neurótica, pois que voltarás às mesmas reminiscências que se transformarão em cáustico mental no futuro.

⚜

O que está feito ou aquilo que ficou para realizar constitui experiências para futuras condutas.

⚜

A existência terrena é toda uma oportunidade para enriquecimento contínuo.

⚜

Desse modo, quem se detém nas sombrias paisagens da culpa ainda não descobriu a consciência da própria responsabilidade perante a vida, negando-se a bênção da libertação.

De alguma forma, quem cultiva culpa não deseja libertar-se, em tal postura comprazendo-se irresponsavelmente.

Sai da forma do arrependimento e age de maneira correta, edificante.

Reabilita-te do erro, através de ações novas que representem o teu atual estado de alma.

(Momentos de consciência –1ª edição – cap. 6)

Pergunta 184: Muitas vezes, já acordamos mal-humorados e pessimistas. O que poderíamos fazer para mudar essa forma negativa de procedimento?

Resp.: No dia de hoje, pelo menos, coloca beleza nos teus olhos, a fim de fitares a vida com lentes mais claras.

Liberta-te das impressões negativas que te acompanharam ao leito, na noite passada, e dispõe-te a encarar o mundo e as pessoas com uma dose de boa vontade.

Notarás que o teu estado íntimo se renovará, e tudo adquirirá vida agradável ao teu redor.

A boa vontade em relação aos outros retorna como simpatia e camaradagem deles em relação a ti.

Enfrenta o dia novo disposto a vencer e conquistando o espaço bom que te está reservado no mundo.

(Vida feliz – 1ª edição comemorativa – cap. 77)

Pergunta 185: Por que, em geral, as pessoas não valorizam o que possuem?

Resp.: As coisas mais importantes da vida somente são valorizadas depois que passam ou se perdem.

Na maior parte das vezes, as pessoas vivem sob automatismos, sem valorizar estes inestimáveis recursos divinos.

A saúde, o sono, a razão, os fenômenos digestivos, a respiração, os órgãos dos sentidos, os movimentos são tesouros colocados por Deus a teu serviço, e não te dás conta da sua grandiosidade, gastando-os com sofreguidão, para adquirir outros bens que são secundários.

(Vida feliz – 1ª edição comemorativa – cap. 63)

Pergunta 186: Independentemente do desgaste orgânico, quais valores devemos cultivar que resultem saudáveis para nós próprios?

Resp.: A saúde resulta de uma bem dosada quota de valores mentais em consonância com a estabilidade física e a ordem psicológica, que produzem o clima de vitalidade responsável pela funcionalidade do corpo. Qualquer alteração nos equipamentos sensíveis da maquinaria fisiopsíquica e logo surge um campo propiciatório à manifestação da doença. Nesse sentido, a área psíquica é portadora de grande responsabilidade, porque é graças à sua vibração – encarregada de manter o perfeito entrosamento entre as manifestações físicas, emocionais e mentais – que as ocorrências nas diferentes expressões podem sofrer alteração.

A educação mental, que resulta do esforço pelo cultivo das ideias edificantes, torna-se de alta validade no processo de uma existência saudável, geradora de futuros comportamentos orgânicos e psíquicos, que sempre produzirão bem-estar e felicidade. O mesmo ocorre quando se instalam hábitos mentais perturbadores, que produzem desconforto emocional, campo físico vulnerável à instalação de agentes microbianos degenerativos, perturbações psíquicas lamentáveis, que se transferem de uma para outra existência corporal, como fruto da Lei de Causa e Efeito.

Todo o esforço, portanto, para ter preservada a mente da invasão de ideias portadoras de energias desequilibrantes, torna-se psicoterapia preventiva, responsável pela vida sã.

(Vida: desafios e soluções – 14ª edição – cap. 1)

Pergunta 187: A ansiedade ocupa hoje um largo espaço no comportamento do homem. Como saber quando a ansiedade torna-se prejudicial? O que fazer para dominá-la?

Resp.: A ansiedade tem manifestações e limites naturais, perfeitamente aceitáveis.

Quando se aguarda uma notícia, uma presença, uma resposta, uma conclusão, é perfeitamente compreensível uma atitude de equilibrada expectativa.

Ao extrapolar para os distúrbios respiratórios, o colapso periférico, a sudorese, a perturbação gástrica, a insônia, o clima de ansiedade torna-se um estado patológico a caminho da somatização física, em graves danos para a vida.

O grande desafio contemporâneo para o homem é o seu autodescobrimento.

Não apenas identificação das suas necessidades, mas, principalmente, da sua realidade emocional, das suas aspirações legítimas e reações diante das ocorrências do cotidiano.

⚜

A ansiedade trabalha contra a estabilidade do corpo e da emoção.

A análise cuidadosa da existência planetária e das suas finalidades proporciona a vivência salutar da oportunidade orgânica, sem o apego mórbido ao corpo nem o medo de perdê-lo.

⚜

São válidas para este momento de ansiedade, de insatisfação, de tormento, as lições do Cristo sobre o amor ao próximo, a solidariedade fraternal, a compaixão, ao lado da oração, geradora de energias otimistas e da fé, propiciadora de equilíbrio e paz, para uma vida realmente feliz, que baste ao homem conforme se apresente, sem as disputas conflitantes do passado, nem a acomodação coletivista do presente.

(O homem integral – 23ª edição – cap. 1)

Pergunta 188: O medo disseminou-se e a síndrome do pânico responde por muitos comportamentos antissociais. O que está acontecendo com o indivíduo e, por consequência, com a sociedade?

Resp.: A alucinação generalizada certamente aumenta o medo nos temperamentos frágeis, nas constituições emo-

cionais de pouca resistência; de começo, no indivíduo; depois, na sociedade.

Esta é uma sociedade amedrontada.

As gerações anteriores também cultivaram os seus medos de origem atávica e de receios ocasionais.

⚜

Urge uma revisão de conceitos, uma mudança de conduta, um reestudo da coragem para a imediata aplicação no organismo social e individual necrosado.

Todavia, é no cerne do ser – o Espírito – que se encontram as causas matrizes desse inimigo rude da vida, que é o medo.

⚜

O medo é fator dissolvente na organização psíquica do homem, predispondo-o, por somatização, a enfermidades diversas que aguardam correta diagnose e específica terapêutica.

À medida que a consciência se expande, e o indivíduo se abriga na fé religiosa racional, na certeza da sua imortalidade, ele se liberta, se agiganta, recupera a identidade e humaniza-se definitivamente, vencendo o medo e os seus sequazes, sejam de ontem ou de agora.

(O homem integral – 23ª edição – cap. 1)

Pergunta 189: Quais os fatores que possibilitam a saúde e o bem-estar ao ser humano?

Resp.: A saúde da criatura humana resulta de fatores essenciais que lhe compõem o quadro de bem-estar: equilíbrio mental, harmonia orgânica e ajustamento socioeconômico. Quando um desses elementos deixa de existir, pode-se consi-

derar que a saúde cede lugar à perturbação, que afeta qualquer área do conjunto psicofísico.

Sendo, a criatura humana, constituída pela energia que o Espírito envia a todos os departamentos materiais e equipamentos nervosos, qualquer distonia que a perturbe abre campo para a irrupção de doenças, a manifestação de distúrbios, que levam aos vários desconcertos patológicos, conhecidos como enfermidades.

Por isso, é possível que uma criatura, em processo degenerativo, possa aparentar saúde, em face da ausência momentânea dos sintomas que lhe permitem o registro, a percepção do insucesso.

Da mesma forma, podemos considerar que, escrava da mente, a criatura transita do cárcere dos sofrimentos aos portões da liberdade – das doenças à saúde ou vice-versa – através da energia direcionada ao bem, à harmonia, ou sob distonias, conflitos e traumas.

(O ser consciente – 18ª edição – cap. 3)

Pergunta 190: Como trabalhar a mente em busca do autoconhecimento?

Resp.: A necessidade de tornar a mente um espelho, e postar-se defronte dela desnudo, é inadiável.

Somente através de um exame da própria realidade, observando-se sem emoção – o que impede os sentimentos de autocompaixão como os de autopromoção, de justificação ou culpa – consegue-se um retrato fiel do que se é, e do que cumpre fazer-se para mais amar-se e ajudar-se como segmento imediato do esforço.

Enquanto a criatura não se despoja dos artifícios com que se oculta, evitando desnudar-se em uma atitude infan-

til repressiva, qualquer tentame exterior para o progresso e a harmonia resulta inócuo, quando se não torna perturbador.

Ninguém é culpado conscientemente de ser frágil, fragmentário, ocorrências naturais do processo de evolução. Não obstante, a permanência na postura denota imaturidade psicológica ou manifestação patológica do comportamento.

(O ser consciente – 18ª edição – cap. 2)

Pergunta 191: Qual a finalidade do autoconhecimento e como alcançá-lo?

Resp.: O autodescobrimento tem por finalidade conscientizar a pessoa a respeito do que necessita, de como realizá-lo e quando dar início à nova fase. Acomodada aos estados habituais, não se dá conta das incalculáveis possibilidades que lhe estão ao alcance, bastando-lhe apenas dispor-se a desdobrá-las.

O autoencontro pode ser logrado através da meditação reflexível, do esforço para fixar a mente nas ideias positivas, buscando saber quem se é, e qual a finalidade da sua existência corporal e do futuro que a aguarda.

⚜

Ao lado da meditação, encontra-se a ação solidária no concerto social, que alarga as possibilidades no campo onde se movimenta e promove o ser profundo, limpando-o dos caprichos do ego e liberando-o das arbitrárias injunções limitadoras, angustiantes.

O intercâmbio social com objetivos fraternais rompe as amarras do medo, dando outra dimensão à afetividade – sem apego, sem paixão, sem desejo, sem neurose –, facultando a harmonia pessoal – sem ansiedade, sem conflito, sem culpa –, ensejando saúde mental e emocional indispensáveis à física.

(O ser consciente – 18ª edição – cap. 2)

Pergunta 192: A autocompaixão é um sentimento pernicioso para quem a cultiva?

Resp.: A mente, conforme seja acionada pela vontade, torna-se cárcere sombrio ou asas de libertação, e ninguém se lhe exime à influência.

⚜

Por isso mesmo, o cultivo da autocompaixão, mediante a insistente reclamação em torno dos acontecimentos da vida, demonstrando insatisfação sistemática, transforma-se em mecanismo masoquista de perturbadora presença no psiquismo. A pseudoaflição mantida converte-se em motivo de alegria, realizando um mecanismo de valorização pessoal, cujo desvio comportamental plenifica o ego.

Todo aquele que se faculta a autocompaixão neurótica é portador de insegurança e de complexo de inferioridade, que disfarça, recorrendo, inconscientemente, às transferências da piedade por si mesmo, sem qualquer respeito pelas demais pessoas. Desenvolve os sentimentos de indiferença pelos problemas dos outros, fechando-se no círculo diminuto da personalidade mórbida.

No seu atormentado ponto de vista, somente a sua é uma situação dolorosa, digna de apoio e solidariedade. E, quando essas expressões de socorro lhe são dirigidas, reage, recusando-as, a fim de permanecer na postura de infelicidade que o torna feliz.

(O ser consciente – 18ª edição – cap. 4)

Pergunta 193: O que é necessário ao ser humano para crescer de forma madura?

Resp.: A estruturação psicológica da pessoa humana está, como decorrência, a exigir renovação e estudo de si mesma, a fim de crescer psiquicamente, na razão em que se lhe desenvolvem os equipamentos orgânicos, responsáveis pelo amadurecimento cultural e social, alargando-lhe a percepção moral e a religiosidade perante as exigências da Vida.

Assim, ninguém é igual a outrem, nem pode ser avaliado mediante as comparações da frágil aparência.

A conquista de si mesmo é o desafio constante para a autorrealização, a harmonia psicológica, o desenvolvimento das percepções parapsíquicas e mediúnicas.

(O ser consciente – 18ª edição – cap. 5)

Pergunta 194: Adquirindo-se consciência, ela influi, para melhor, no organismo do ser?

Resp.: Quanto mais consciente o ser, mais saudáveis os seus equipamentos para o desempenho das relevantes tarefas que lhe estão reservadas. Há exceções, no entanto, que decorrem de livre opção pessoal, com finalidades específicas nas paisagens da sua evolução.

O pensamento salutar e edificante flui pela corrente sanguínea como tônus revigorante das células, passando por todas elas e mantendo-as em harmonia no ritmo das finalidades que lhes dizem respeito. O oposto também ocorre, realizando o mesmo percurso, perturbando o equilíbrio e a sua destinação.

Quando a mente elabora conflitos, ressentimentos, ódios que se prolongam, os dardos reagentes disparados desatrelam as células dos seus automatismos, as quais degeneram, dando origem a tumores de vários tipos, especialmente cancerígenos, em razão da carga mortífera de energia que as agride.

(Autodescobrimento: uma busca interior – 19ª edição – cap. 1)

Pergunta 195: Como a enfermidade se estabelece no organismo?

Resp.: A vida orgânica é resultado da harmonia vibratória do ser, que equilibra as células nos campos onde se aglutinam, dando forma aos órgãos e estas ao corpo físico, com as suas complexidades, através das quais se exterioriza o psiquismo.

Um erro de comunicação entre a consciência e o corpo favorece a desorganização molecular, propiciando a instalação das doenças.

⚜

Na raiz, portanto, de qualquer enfermidade encontra-se a distonia do Espírito, que deixa de irradiar vibrações harmônicas, rítmicas, para descarregá-las com baixo teor e interrupções que decorrem da incapacidade geradora da Fonte de onde procedem.

(Autodescobrimento: uma busca interior – 19ª edição – cap. 2)

Pergunta 196: Muitas pessoas cultivam o hábito de conversações vulgares. Esse tipo de hábito é prejudicial? Como alterar tal comportamento?

Resp.: O vício mental das conversações vulgares, licenciosas, enseja desequilíbrio na área da saúde, produzindo perturbações gástricas e hepáticas, como consequência das tensões e fixações mentais, que facultam a produção irregular de substâncias componentes da digestão, bem como exagerada secreção biliar... Ao mesmo tempo, alteram o humor, favorecendo o pessimismo, o derrotismo e a depressão.

A proposta da terapia do amor estabelece, como ponto de partida, a preservação ético-moral do indivíduo perante si mesmo, com a consequente valorização das suas capacidades de discernimento e de ação.

Discernimento sobre o que deve e pode fazer, não se permitindo eleger o que agrada, mas não deve, ou aquilo que deve, porém não convém executar.

(Autodescobrimento: uma busca interior – 19ª edição – cap. 6)

Pergunta 197: É possível estabelecer-se um programa, em 10 itens, para se alcançar uma vida saudável?

Resp.: Tudo quanto se tenha de fazer, pensar antes, delineando um programa cuidadoso, no qual o improviso não tenha lugar, tampouco o arrependimento tardio.

Quem se equipa de cuidados, erra menos. Quem estabelece roteiros e segue-os, acerta mais.

Tal programação estatuirá a necessidade de pensar com retidão, mesmo quando as circunstâncias e pessoas sugiram outra forma, imediatista e infeliz, portanto favorecedora da consciência de culpa.

Cultivar a confiança e a alegria no trato com os demais membros da sociedade – iniciando no lar –, embora as defecções morais e os embates traiçoeiros do momento, a que todos estão sujeitos.

Irradiar simpatia e esperança, produzindo uma aura de paz que alenta e agrada a todos.

Usar a conversação como elemento catalisador de novas ideias de enobrecimento e de ventura, que estimulam a criatividade, a coragem, a perseverança no bem.

Banir, quanto possível, do comportamento, a crítica ácida e destrutiva, os conceitos chulos quão irresponsáveis, as diatribes e os verbetes sarcásticos, que envenenam o coração e enfer-

mam a alma, transferindo-se pelos condutos do perispírito para o corpo, em delicadas como complexas patologias orgânicas...

Respeitar e, ao mesmo tempo, conduzir o corpo com moderação em quaisquer eventos, poupando-o aos costumes promíscuos, bem como aos relacionamentos sexuais e afetivos perturbadores, ora muito em voga.

Manter os requisitos da higiene, superando os imperativos da preguiça mental e física, assim criando e preservando os hábitos sadios.

Recorrer à oração, qual sedento no rumo da Fonte Vitalizadora, sustentando o Espírito e refrigerando-se na paz.

Meditar em silêncio, a fim de absorver a resposta divina e capacitar-se dos conteúdos da inspiração para alcançar as metas essenciais da existência.

Preservar a paz, mesmo que a alto preço, estimulando--a em todos quantos o cerquem.

(Autodescobrimento: uma busca interior – 19ª edição – cap. 6)

Pergunta 198: Como proceder para dar início a um programa pessoal em busca de autoajudar-se?

Resp.: Tudo começa na mente e aí estão as matrizes das próximas ações. O exercício do bem pensar, eliminando as ideias perniciosas a que se está viciado, constitui passo decisivo para o autodescobrimento. Cada vez interrogar-se mais a respeito de quem é, e quais as possibilidades de que se pode utilizar para o desenvolvimento íntimo, significa um meio adequado para interpenetrar-se. Sistematicamente se manter vigilante contra os hábitos prejudiciais da autocompaixão, da censura ao comportamento dos outros, da autopunição e autodesvalorização, da inveja e de outros componentes do grupo das pai-

xões dissolventes e anestesiantes. Preencher os lugares que ficarão vagos com a eliminação desses sórdidos comparsas mentais, com a presença do altruísmo, da fraternidade, do autoamor.

Reconhecer-se fadado ao triunfo e avançar na sua busca, sem pieguismo ou presunção, torna-se a próxima etapa do programa de autodescobrimento. Insistentemente reagir aos pensamentos inquietadores, estabelecendo a confiança no Poder Criador, de Quem procede, e em si mesmo gerando harmonia e coragem para os enfrentamentos, certo de que está destinado à gloria estelar que alcançará a esforço pessoal.

(Autodescobrimento: uma busca interior – 19ª edição – cap. 8)

Pergunta 199: Existem pessoas que vivem em constante lamentação. Como modificar esse hábito infeliz?

Resp.: Entre os hábitos negativos que se arraigam nas personalidades conflitáveis e inseguras, a lamentação ocupa um lugar de destaque. Vício perturbador, deve ser combatido com a lucidez da razão, em face da não justificativa dos argumentos em que se apoia.

Essas pessoas atormentadas, que se deixam arrastar pelos temores, normalmente buscam alívio em fugas espetaculosas pelas drogas aditivas, pelo fumo, pelo álcool, ou buscam os jogos de azar, a que se apegam em pugnas intérminas quão infelizes. Quando não o fazem, dessa forma, ou simultaneamente, atiram-se às queixas e lamentações, assim exteriorizando as tensões geradas pelas altas cargas de amargura e ressentimento que guardam, sem o esforço por se liberarem desses tóxicos destrutivos, que mais se avolumam, quanto mais são cultivados.

Saísse da concha da autocompaixão, e se deslumbraria com o Sol e a Natureza, convidando ao banquete da alegria.

Preenchesse os vazios espaços mentais com preocupações positivas, recheadas de ações que favorecem o progresso, e respiraria o clima do otimismo, estimulado ao autocrescimento, fruindo as dádivas do bem-estar existencial.

(Autodescobrimento: uma busca interior – 19ª edição – cap. 10)

Pergunta 200: Como conquistar a plenitude?

Resp.: No processo da evolução, cada Espírito desenvolve, etapa a etapa, determinados valores que lhe são inatos.

Em uma oportunidade aprimora a inteligência, noutra o sentimento, mais adiante a aptidão artística, buscando a perfeição que sintetiza a aquisição de todos os bens intelecto-morais.

Afligindo-se, não poucas vezes, por constatar as dificuldades que defronta impedindo-lhe o avanço, estaciona, desanima ou rebela-se.

A jornada é atraente, e a conquista das vitórias dá-se mediante o investimento dos melhores esforços, do interesse e do empenho para consegui-las.

Toda aquisição é resultado de afanoso trabalho.

A plenitude, por isso mesmo, é patamar superior, que para ser conquistada depende das realizações felizes nas faixas precedentes.

(Desperte e seja feliz – 12ª edição – cap. 1)

Anotações

Anotações

Anotações

Anotações

Anotações